Symposium Karl der Große und Europa

Karl der Große und Europa

Symposium

Herausgegeben von der
Schweizerischen Botschaft
in der Bundesrepublik
Deutschland in
Zusammenarbeit mit dem
Deutschen Historischen
Museum

PETER LANG
Frankfurt am Main · Berlin · Bern · Bruxelles · New York · Oxford · Wien

Bibliografische Information Der Deutschen Bibliothek
Die Deutsche Bibliothek verzeichnet diese Publikation in der Deutschen Nationalbibliografie; detaillierte bibliografische Daten sind im Internet über <http://dnb.ddb.de> abrufbar.

Produktion (DHM):
Heidemarie Anderlik (Lektorat),
Gabriele Kronenberg (Umschlaggestaltung),
Susanne Matthey (Gestaltung, Technik)

Umschlagbild vorn:
Abguss der Statue Karls des Großen aus der Klosterkirche St. Johann in Müstair / Schweiz
Foto: Arne Psille, DHM

Titelblatt innen:
Übergabe des Abgusses der Statue Karls des Großen an Bundespräsident Johannes Rau durch Bundespräsident Pascal Couchepin in Berlin vor dem Schloss Bellevue, am 4. April 2003
Foto: Arne Psille, DHM

Umschlagbild hinten (von links nach rechts):
Kloster St. Johann in Müstair/Schweiz
Foto: Walter Anderau, Zürich
Vorbereitungen für den Abguss der Statue in der Klosterkirche
Foto: Walter Anderau, Zürich
Abguss der Statue Karls des Großen in der Ausstellung
Idee Europa – Entwürfe zum „Ewigen Frieden"
Foto: Arne Psille, DHM

ISBN 3-631-52358-0

www.peterlang.de

Karl der Große und Europa

Herausgegeben von der Schweizerischen Botschaft in der Bundesrepublik Deutschland in Zusammenarbeit mit dem Deutschen Historischen Museum

Inhalt

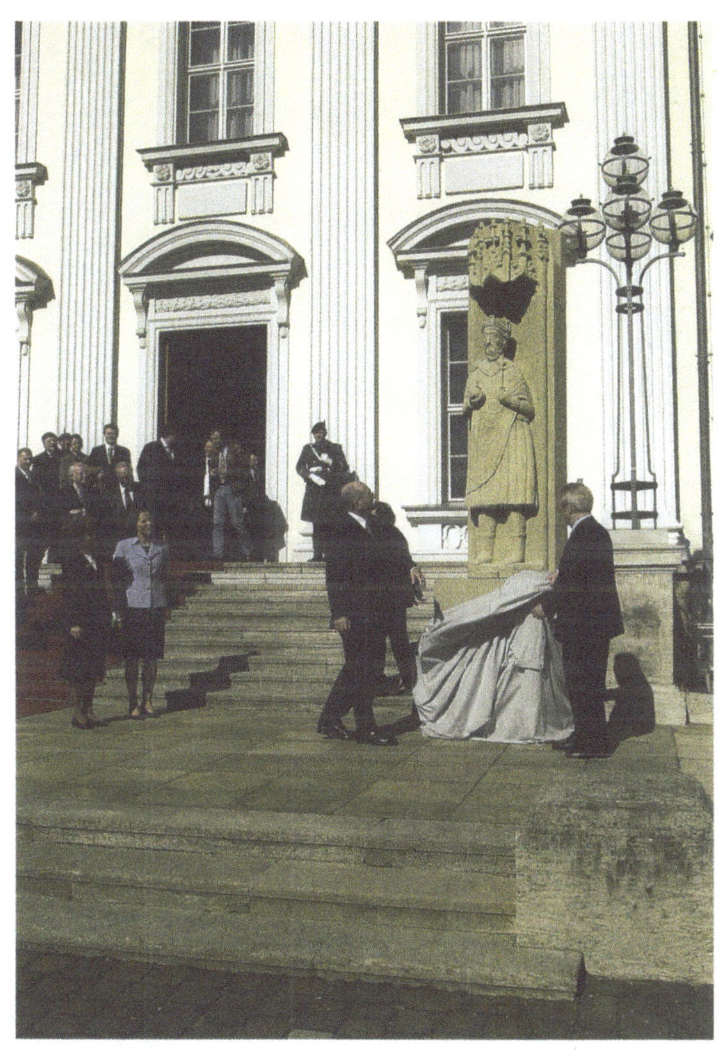

Vorwort

Als Vertreter der Schweizerischen Botschaft in Berlin ist es mir eine besondere Ehre und Freude, heute an diesem Anlass mitzuwirken und einige einführende Worte an Sie zu richten.

Wer an Karl den Großen denkt, der denkt an Aachen, an die Franken, die Sachsen, die Langobarden, ja sogar an die Bayern, denn immerhin gelang es diesem Regenten, den Bayernherzog Tassilo abzusetzen. Transponieren Sie dies auf die heutige Zeit: undenkbar! Aber die Schweiz wird kaum assoziiert mit Karl dem Großen. Vielleicht liegt dies ganz einfach daran, dass es die Schweiz, obwohl schon 712 Jahre alt, damals noch gar nicht gab. Karl der Große ist aber – die beiden Experten aus der Schweiz werden mir in ihren anschliessenden Referaten hoffentlich widersprechen – in der Schweiz nicht sonderlich bekannt. Dies steht in Kontrast zur Popularität von „Charlemagne“ etwa in Frankreich, wo er vielleicht noch mehr als in deutschsprachigen Gegenden als *erster Europäer* gesehen wird. Damit aber wird nun fast wieder verständlich, warum er in der Schweiz nicht sonderlich beliebt ist …

Mit dieser Bemerkung greife ich dem Festvortrag von Adolf Muschg von und in der Akademie der Künste heute Abend vor, der sich sicherlich viel kompetenter und geistreicher mit dem Verhältnis von Karl dem Großen und der Integration in Europa auseinandersetzen wird, als mir dies – zumal als Diplomat - gelingen würde. Ich bin zwar von Haus aus Historiker, jedoch der neueren Geschichte. Diese Bildungswurzel macht es mir zur noch grösseren Freude, im Rahmen eines historischen Themas zu sprechen.

Immerhin kann man festhalten, dass schon damals das Gebiet der heutigen Schweiz mitten drin lag und somit unweigerlich eben doch eine Rolle spielte in der europäischen Grossmachtpolitik der Karolinger. Karl der Große muss bei seinen fünf Alpenüberquerungen Schweizer Boden betreten haben. Spuren hinterliess er jedoch auf dem harten Granit der Schweizer Alpen fast keine. Der Härte des Steins ist es wohl auch zu verdanken, nicht nur derjenige der Skulptur, sondern auch den Steinen der Klostermauern, dass er – Karl der Große – in der Schweiz halt eben doch länger überlebt hat, als im übrigen Gebiet des damaligen karolingischen Reichs.

Müstair heisst das Zauberwort. Alle die es kennen, werden mir recht geben. Und all denjenigen, denen dieses Wort noch unbekannt ist, rate ich, diesem Zauber nachzugehen und einem der bestgehüteten Geheimnisse der europäischen Kunst- und

Kulturgeschichte nachzuspüren. Ganz so einfach ist dies nicht, fast 1 000 Kilometer von Berlin aus, in einem der abgelegensten Täler der Bündner Alpen, 2 Kilometer vor der Grenze zu Südtirol, wo noch rätoromanisch gesprochen wird von den knapp tausend Einwohnern des Dorfes. Der wohl berühmteste unter ihnen ist eben Karl der Große.

Dort, in der Abgeschiedenheit eines Alpentales, hinter den Mauern des Frauenklosters Sankt Johann, hat er überlebt. Diese einmalige Klosteranlage, deren Erhaltung Ziel der Stiftung Pro Kloster St. Johann in Müstair ist, wurde 1983 in die UNESCO-Liste des Weltkulturerbes aufgenommen. Kein Wunder also, dass die Verantwortlichen des Deutschen Historischen Museums in Berlin aufmerksam wurden auf diese Statue, als sich Hans Ottomeyer und seine Mitarbeiter, insbesondere Frau Heidemarie Anderlik, an die Aufgabe machten, die Abteilung über das Mittelalter neu zu konzipieren. Einen Abguss für die Ausstellung wünschten sie sich. Und wie das so ist unter Freunden - das Verhältnis zwischen Deutschland und der Schweiz ist zweifellos ein sehr freundschaftliches - schlägt man einen Wunsch ohne Not nicht aus.

Überbracht und Deutschland geschenkt wurde der Abguss vom Schweizerischen Bundespräsidenten Pascal Couchepin anlässlich seines offiziellen Besuches in Berlin Anfang April dieses Jahres. Herr Couchepin übergab die Statue dem deutschen Bundespräsidenten zu Händen des Deutschen Historischen Museums. Und so steht er nun hier in Berlin, Karl der Große aus Müstair, im Pei-Bau des Museums, als Geschenk der Schweizerischen Eidgenossenschaft und zur Zeit – was einer gewissen Brisanz nicht entbehrt - als Teil der Ausstellung über die „Idee Europa". Damit soll, und dies ist durchaus im Sinne der schweizerischen Regierung, deutlich gemacht werden, dass die Schweiz eben doch Teil Europas ist, wenn auch kein vergemeinschaftlichter.

Gemeinsam haben wir dennoch in vielen Epochen eine gemeinsame Geschichte und unsere Kulturen sind in mancherlei Hinsicht gemeinsames Erbe aus dem abendländischen Kulturkreis. Es freut die Botschaft, dass der - in Anführungszeichen - „*Schweizer*" Karl der Große die Besucher des Museums beeindrucken wird mit seiner Ruhe ausstrahlenden Würde. Es freut mich auch, dass er heute Anlass ist zu vielfältigen Überlegungen zu und Betrachtungen über das Verhältnis zwischen Karl dem Großen und Europa.

Ich möchte dem Deutschen Historischen Museum herzlich danken für die technische Organisation dieses Symposiums und für das Gastrecht während des Tages. Mein Dank gilt auch der Akademie der Künste und seinem – und dieses Mal ohne Anführungszeichen - *Schweizer* Präsidenten, Adolf Muschg, die es uns ermöglichen, am Abend den Kreis der Teilnehmer etwas zu erweitern und auch zu versuchen, den Bogen zu spannen vom karolingischen Reich zum Europa von heute.

Vorerst aber, und damit möchte ich die Referenten dieses Symposiums in meinen Dank einschliessen, gilt unser Interesse der Person, der Zeit und der Bedeutung Karls des Großen. Ich wünsche uns allen eine spannende Zeitreise ins Mittelalter.

Emanuel Jenni
Schweizerischer Geschäftsträger a. i.
Schweizerische Botschaft Berlin

Zum Geleit

„Karl der Große jetzt auch in Berlin" betitelte die Presse ihre Meldung der Übergabe einer Kopie des Standbildes Karls des Großen aus dem Kloster St. Johann in Müstair durch den Schweizerischen Bundespräsidenten Pascal Couchepin an Bundespräsident Johannes Rau. Die Übergabe dieser Schenkung der Schweizerischen Eidgenossenschaft an die Bundesrepublik Deutschland auf höchster staatlicher Ebene machte, auf dem Hintergrund eines Arbeitsgespräches zum Thema Fluglärm, in der Schweiz als „Denkmal auf Reisen" Schlagzeilen. Die Schweiz, inmitten Europas, suchte in Berlin nach einer Lösung mit dem Nachbarn.

Das für das Deutsche Historische Museum bestimmte, gewichtige Geschenk erlaubt dem Historiker einen Rückblick auf Gemeinsamkeiten der Geschichte des Mittelalters, bringt man doch die in der Wissenschaft lange diskutierte Statue mit der Gründung des Klosters um 780, der Kaiserkrönung von Karl dem Großen im Jahr 800 als auch mit seiner Heiligsprechung 1165 auf Betreiben des Staufer Kaisers Friedrich Barbarossa in Verbindung. Der Blick auf die Rolle des fränkischen Herrschers bei der Schaffung des karolingischen Imperiums und seine Bedeutung für spätere Herrschergenerationen ist eine Frage, welche die Geschichtsschreibung immer wieder beschäftigte: So erklärten mittelalterliche Autoren die Kaiserkrönung Karls des Großen zum Symbol für die Verwandlung des heidnischen Römischen Imperiums in das christliche Heilige Römische Reich.

Welche Bedeutung die Krönung von Karl dem Großen zum römischen Kaiser durch Papst Leo III. am Weihnachtstag des Jahres 800 in der Petersbasilika in Rom hatte, ist eine Frage die das Deutsche Historische Museum als Ort historischer Erinnerung in die Zusammenhänge kulturellen Reichtums, sozial- und wirtschaftsgeschichtlicher Prozesse, sich wandelnder territorialer Räume und nationalgeschichtlicher Abgrenzungen zu stellen versucht und mit diesem historischen Datum auf gemeinsame Wurzeln der europäischen Geschichte verweist.

Eine erste Präsentation erfuhr die Standfigur im Rahmen der Ausstellung „Idee Europa - Entwürfe zum ‚Ewigen Frieden' ", die sich mit der bis in die Antike zurückreichenden Idee einer europäischen Union, mit den historischen Perspektiven zur Bestimmung des eigenen Standorts, der politischen Durchsetzung unterschiedlicher Visionen, vergangenen Konzeptionen zur Einigung und Einheit und zur Wahrung des Friedens beschäftigte, und in deren Rahmen auch das Symposium „Karl der Große und Europa" durchgeführt werden konnte.

In der künftigen Dauerausstellung des Deutschen Historischen Museums wird das Standbild der Stauferzeit am Übergang vom Regnum Francorum zum Regnum Teutonicum stehen und dem Besucher erlauben, die historische Kontinuität zu dem 1514 in der Dürer Werkstatt gemalten Porträt des Karolus magnus mit der Reichskrone zu entdecken. Beide Idealbilder des Kaisers spiegeln das Nachleben Karls des Großen im Mittelalter.

Hans Ottomeyer
Generaldirektor Deutsches Historisches Museum

Symposium

Karl der Große und Europa

Aus Anlass der Schenkung eines Abgusses der Statue Karls des Großen aus der Kirche des Klosters St. Johann in Müstair durch die Schweizerische Eidgenossenschaft an Deutschland wurde das Symposium *Karl der Große und Europa* am 22. August 2003 von der Schweizerischen Botschaft in der Bundesrepublik Deutschland, dem Deutschen Historischen Museum (DHM), der Stiftung Pro Kloster St. Johann in Müstair/Schweiz und der Akademie der Künste im Rahmen der Ausstellung *Idee Europa. Entwürfe zum „Ewigen Frieden"* in Berlin veranstaltet.

Die Abformung des Standbildes soll in der Dauerausstellung des Deutschen Historischen Museums als ein wichtiges Zeugnis mittelalterlicher Skulptur gezeigt werden.

Hans-Martin Hinz
Deutsches Historisches Museum

Horst Fuhrmann

Karl der Große - Versuch einer europäischen Ordnung

Mir ist aufgetragen, über „Karl den Großen - Versuch einer europäischen Ordnung“ zu sprechen, doch bevor ich das Thema historisch angehe, suche ich Orientierung in der Gegenwart und stelle die Frage: Was verbinden die Menschen heutigentags mit dem Namen Karls des Großen?

I

Seien wir zeitgemäß. The man in the street von früher ist heute the man in the internet. Schalten wir die gängige Suchmaschine „Google“ ein und fragen nach Karl dem Großen. Dieses Stichwort, das deutsche „Karl der Große“, ist bei meinem Versuch am 30. Juli 16 300 mal aufgerufen worden. Wonach wird am häufigsten gefragt? Mustern wir die ersten zehn Adressen. An der Spitze stehen e-bay, ein Auktionshaus mit „erstklassigen Angeboten“, nur „Original oder second hand“ und eine Kunsthandlung, die Repliken anbietet. Beides sind bezahlte Anzeigen. Es folgen in der Häufigkeit des Aufrufs eine weltgeschichtliche „Auskunftsstelle“ und als erste auf Wissenschaft hinlenkende Adresse die Universität Paderborn (sicherlich wegen der durchaus erfolgreichen Ausstellung von 1999 über das dortige Treffen zwischen dem fränkischen König Karl und Papst Leo III. vor 1200 Jahren), danach rangieren allen Ernstes der „Spiegel“ und die „Tagesschau“, dort fragt man nach Karl dem Großen.

Die Schweiz - herrliches Land - ist dreisprachig, in unserem Fall viersprachig, denn „Charlemagne“ gilt nicht nur fürs Französische, sondern auch für das Englische und das Amerikanische. Charlemagne wird 234 000 mal aufgerufen, und wer oder was wird gesucht? An erster Stelle, wiederum von zehn Anbietern, steht die Nachfrage nach einer modernen Biographie, erstellt von Will Durant in seiner „History of Civilisation“ (1950), wenig dahinter folgt die durch die Zeiten klassische Biographie von Einhart, seine Vita Karoli Magni, in englischer Übersetzung (Fordham University NY), und dann drängt das Nachleben, vornehmlich von Frankreich, nach mit dem Pseudo-Turpin, dem Bericht über Karls unglücklichen Spanienfeldzug mit dem heroischen Roland, der mit seinem wundersam tönenden Horn Olifant Karl zu Hilfe rief im Tal von Roncevaux, ein riesiges Textfeld, das von der Dichtung breit gepflegt wird. An zehnter Stelle steht eine Adresse, die Mark Twain eingerichtet haben könnte; ein „Order of Crown of Charlemagne“ bietet sich an, eine amerikanische private Stiftung, die offenbar Zulauf, zumindest Neugier auslöst.

Und Italien, Carlomagno? Es kamen immerhin 27 100 Suchanfragen, doch dazu gehört die niederschmetternde Offenbarung, dass unter den ersten zehn Anbietern fünf Hoteladressen sind: Albergo oder Hotel Carlomagno. Italien braucht Karl den Großen nicht.

Das Fazit: In Deutschland - hier bestätigt es sich wieder - besteht keine starke Beziehung zur „Fernvergangenheit", zu Karl dem Großen, in Frankreich, im United Kingdom und den USA ist das historische, vielleicht etwas naive Interesse (auch für einen namenbewahrenden Club), relativ am größten, Italien wendet dem historischen Carlomagno den Rücken zu, man hat seinen Barbarossa mit der Lega Lombarda, seinen Staufer Federico II.

II

Kehren wir zurück zum Titel: „Karl der Große - Versuch einer europäischen Ordnung. " Bei diesem Thema lässt sich vieles als letzte Wahrheit verkünden, von den verschiedenen Geburtsdaten Karls bis hin zur Behauptung, dass es diesen Karl gar nicht gegeben habe. Angesichts der Stofffülle verfahre ich mittelalterlich; ich habe eine lectura super titulum „Carolus Magnus - intentio ordinis Europaei" im Auge, denn eine solche lectura war nicht eine Vorlesung in unserem Sinne, sondern ein Kommentar zu einem vorgegebenen Text, wobei durchaus einzelne Wörter oder Personen dieses Textes vorgenommen werden konnten: lectura super Exodum, lectura super Moysen. Die freigeschöpften Vorlesungen unserer Tage sind ein Produkt der Neuzeit. Unsere lectura geht über: Karl den Großen, über Europa, über Ordnung.

Karl der Große: Er ist der einzige Herrscher des europäischen Mittelalters, dem schon zu Lebzeiten und dann ständig der Name „der Große" gegeben worden ist. Wie der Name „Caesar" zum Titel „Kaiser" aufstieg, so steht in manchen slawischen Sprachen der Name Karl, Król (polnisch), Král (tschechisch) für König.

Was ist historische Größe? „Größe ist, was wir nicht sind. " Das ist ein Satz Jacob Burckhardts, der wiederholt, z.B. 1870 in Basel, im Rahmen seiner Vorlesung „Über das Studium der Geschichte" über „historische Größe" gesprochen hat. Es ist die Vorlesung, die später der Neffe und Nachlaßverwalter Jacob Oeri unter dem Titel „Weltgeschichtliche Betrachtungen" (1905) herausgeben sollte. Burckhardts Reflexionen machten sowohl in Vortrags- wie in Buchform tiefen Eindruck, und einer seiner Basler Hörer von 1870 schrieb spontan einem Freund: „Gestern Abend hatte ich einen Genuß, den ich Dir ... gegönnt hätte. Jacob Burckhardt hielt eine freie Rede (Burckhardt konzipierte seine Vorträge und Vorlesungen Wort für Wort, lernte sie auswendig und trug sie frei, fast plauderhaft, vor) über „historische Größe", und zwar völlig aus unserem Denk- und Gefühlskreise heraus. Dieser ältere, höchst eigenartige Mann (Burckhardt war damals 52 Jahre alt) ist zwar nicht zu Verfälschungen, aber wohl zu Verschweigungen der Wahrheit geneigt ... Ich höre bei ihm ein wöchentlich einstündiges Colleg über das Studium der Geschichte und glaube der Einzige seiner 60 Zuhörer zu sein, der die tiefen Gedankengänge mit ihren seltsamen Brechungen und Umbiegungen, wo die Sache an das Bedenkliche streift, begreift.." Der Zuhörer und Schreiber war der 26jährige unpromovierte Basler Professor Friedrich Nietzsche, soeben aus dem Krankenpflegedienst während des deutsch-französischen Krieges wegen Schwächung durch Ruhr und Diphtherie entlassen. Burckhardt hat Nietzsche, auch mit dieser Vorlesung, nachhaltig beeindruckt, für Burckhardt blieb die Begegnung eine Episode. Die Verehrung gegenüber Burckhardt hat Nietzsche dazu gebracht, ihm den Vers zu widmen: „Jetzt schon kost' ich das Glück, / daß ich dem Größeren nachgeh. "

Was aber ist Größe, wer ist der Größere? Zu manchen Zeiten wusste man es recht genau. 1935-37, in einer Zeit nationalistischer deutscher Hochblüte, erschien in durchaus seriöser Absicht ein fünfbändiges Sammelwerk „Die Großen Deutschen"; 20 Jahre später, 1955-57, kamen unter demselben Namen, gleichfalls fünfbändig, neue „Große Deutsche" heraus, und es waren andere Namen darunter. Man setzte bei der Neuauflage auf abendländische Verchristlichung. Für den Canossa-König und Papstgegner Heinrich IV. kam sein frommer Vater Heinrich III. hinein, für den „Ostkolonisator" Heinrich den Löwen erschien die heilige Elisabeth von Thüringen, und ein Rezensent (Herbert Grundmann) bemerkte süffisant, es sei wohl gar nicht leicht, jeweils die „größere Größe" zu messen.

Durchgangsgrößen hat es immer wieder gegeben, solche, denen Panegyriker das Attribut zuwiesen, und solche, die es sich selbst zumaßen wie Napoleon, der sich nach der Kaiserkrönung 1804 als „Napoléon le Grand" feiern ließ. Napoleon wurde bald auf seinen Namen reduziert; bei manchen Großen jedoch blieb der Beiname: bei Alexander dem Großen, Konstantin dem Großen, Peter dem Großen, Friedrich dem Großen. Ihnen allen und ihrer Leistung ist eigen, dass es nicht oder nicht nur Individualleistungen waren, die sie heraushoben, sondern dass sie ihre Welt, deren Bedingungen sie annahmen, gestalteten und die Zukunft bestimmten.

III

Karl hat 768 als Kriegsherr angefangen und nach dem Tod des konkurrierenden Bruders Karlmann 772 die Neffen beiseite geschoben, ging hart und zuweilen grausam vor, hat Aquitanien eingegliedert, begann 772 einen dreißigjährigen Dauerkrieg gegen die Sachsen, 774 war das Langobardenreich erobert, und mit dem Papsttum kam man zu einem Einvernehmen, wobei die Glaubensaufsicht Karl beanspruchte. Die weitere Ausdehnung des Reiches und seine Sicherung beiseite gelassen: Gegen 800 beherrschte Karl den zentralen europäischen Raum von der Eider im Norden bis in die Gegend südlich von Rom, und von der mittleren Donau bis zum Ebro. Aber nicht allein diese Ausdehnung des Herrschaftsraumes ist mit Karls Namen verbunden. Wichtiger noch war sein Wille, den Raum und seine Menschen zu einer Einheit christlichen Zusammenlebens zusammenzufügen.

Man hat als Ziel der Zeit eine „norma rectitudinis" genannt, einen Maßstab rechter Ordnung, nach dem gestrebt werden sollte, und in der Tat ist in vielen Bereichen der Eifer zu spüren, ordnende Maßstäbe einzurichten, vom Reichsaufbau mit seiner Kapitulariengesetzgebung bis zu den Rechtsbüchern, von der Einführung der karolingischen Minuskel bis zum Schulunterricht, vom Credo bis zu Taufritualen, vom Kalender bis zu liturgischen Fragen usw. Stand im Mittelpunkt des Ordnungsinteresses ein Text, so versuchte man sich seiner reinen Gestalt zu versichern. Die Bibel wurde revidiert, das Sakramentar durchgesehen und ergänzt, die Mönchsregeln überprüft. Hinter dieser Erneuerungsbewegung stand der Wille des Herrschers, der sich mit kundigen und klugen Helfern aus verschiedenen Landschaften auszustatten wußte, mit Alkuin, Theodulf von Orléans, Petrus von Pisa, Paulinus von Aquileja, Petrus Diakonus, selbst mit Iren wie Jonas und Dungal und mit vielen anderen mehr: es sind klingende Namen, jeder auf seinem Felde ausgewiesen.

Diese Anstrengungen der Erneuerung trugen voll erst nach Karls Lebenszeit Früchte. Ein Beispiel: Man zählt für das 9. Jahrhundert sage und schreibe 7 000 noch heute erhaltene Handschriften, und keine Epoche hat so viele antike Texte gesichert, nachdem sie praktisch verschwunden waren, wie diese Zeit. Es gibt schließlich keine einzige antike Handschrift von Horaz, von Livius oder Tacitus; vom Ende des 6. Jahrhunderts bis zur Mitte des 8. Jahrhunderts fehlt „jegliche Nennung, jegliches Zitat" profaner römischer Autoren (Bernhard Bischoff). Die greifbare antike Texttradition setzt praktisch mit der Karolingerzeit ein. Europas gesamte Kultur hätte eine andere, eine kümmerliche Gestalt, hätte es nicht den mit Karls Namen verbundenen Aufbruch gegeben.

IV

Kurz vor seinem Tod bedrängte Karl den Großen offenbar die Frage, ob er den ihm von Gott gegebenen Herrschaftsauftrag in rechter Weise wahrgenommen habe, ob und wie in seinem Reich für das Wohl des Einzelnen und dessen Seelenheil gesorgt sei. 811, weit über 70 Jahre alt, stellte Karl einen Fragenkatalog zusammen, gerichtet an „unsere glaubenstreuen Bischöfe und Äbte", aus dem Klarsicht, verbunden mit einem tiefen Pessimismus spricht. Es sind die schonungslosesten Äußerungen über die eigene Wirksamkeit oder Unwirksamkeit, die wir von Karl, vielleicht überhaupt von einem frühmittelalterlichen Herrscher kennen. „Worin", fragt Karl, und man glaubt den schneidenden Hohn zu spüren, „besteht der Unterschied zwischen denen, die der Welt folgen, und denen, die die Welt verlassen haben, etwa darin, dass letztere keine Waffen tragen und nicht öffentlich (nec publice, insgeheim doch) im Ehestand leben? " Auch ist zu fragen, ob das tägliche Streben desjenigen, der die Welt angeblich verlassen hat, darauf gerichtet ist, den Besitz auf alle mögliche Weise zu mehren, und ob er für diesen Zweck den Himmel verheißt und mit der Hölle droht (suadendo de coelestis regni beatitudine, comminando de aeterno supplicio inferni), indem er im Namen Gottes oder irgendeines Heiligen Arme wie Reiche, so sie einfältig und ungelehrt sind, ihres Vermögens beraubt, rechtmäßigen Erben das Erbteil entzieht und dadurch in Armut stürzt, so dass viele aus Not Schandtaten und Verbrechen begehen." In dieser Tonart geht es fort. Vom Herbeischaffen von „Knochen und Reliquien heiliger Körper", mit denen Wallfahrtsgeschäfte gemacht werden, ist die Rede, von der Anstiftung und Bestechung zum Meineid und zur Falschaussage, von der Anstellung ungerechter und gewissenloser Vögte, die die Besitzer vertreiben sollen usw.

Dieser Fragenkatalog war nicht für das Kämmerlein gedacht, er sollte auf Synoden in den verschiedenen Reichsteilen behandelt und beantwortet werden; die Ergebnisse seien ihm, dem Kaiser, zuzuleiten. 813 fanden diese Kirchenversammlungen statt: in Reims, Mainz, Chalon-sur-Saône, Tours und Arles. Wir kennen die Antworten. Sie werden Karl enttäuscht haben, denn sie nehmen sich unverhältnismäßig kühl, ja schnöde aus, taub für die brennende Sorge, die aus Karls Fragen spricht. Man wisse von niemandem, so heißt es zum Beispiel, der sich über den Verlust von Besitz an die Kirche habe beklagen wollen, denn wer auf Erden der Kirche etwas abtrete oder schenke, habe doch im Himmel Vorteile. Antworten solchen Geistes werden den Kaiser nicht getröstet haben. Es ging ihm nicht um Herrschaft, sondern um Fürsorge und Gerechtigkeit für die Menschen, in deren Mitte er lebte.

Karl der Große. Die Größe war nicht an große Taten gebunden: „Als überragend erschien nur, wer eine Gemeinschaft geformt hatte und in ihr über den Tod hinaus Geltung behielt. Der hervorragende Einzelne blieb Mitglied der Gemeinschaft" (Arno Borst). Schon zeitig, seit den 80er Jahren des 8. Jahrhunderts, hatte Karl von seiner Umgebung den Namen „Karolus magnus" erhalten, und was wie Schmeichelei aussieht, konnte auch als Verpflichtung empfunden werden. Diesem Gedanken gab Kant Raum in seinem Entwurf „Zum ewigen Frieden" (1795), dem unsere Europa-Ausstellung verpflichtet ist, an deren Eingang die für uns besonders kostbare Statue Karls des Großen aus St. Johann in Müstair steht. „Man hat", so schreibt Kant zum Beinamen der Große, „die hohen Benennungen, die einem Beherrscher oft beigelegt werden..., als grobe, schwindlig machende Schmeicheleien oft getadelt; aber mich dünkt, ohne Grund. Weit gefehlt, dass sie den Landesherrn sollten hochmütig machen, so müssen sie ihn vielmehr in seiner Seele demütigen, wenn er Verstand hat (welchen man doch voraussetzen muss) und es bedenkt, dass er ein Amt übernommen hat, was für einen Menschen zu groß ist, nämlich das Heiligste, was Gott auf Erden hat, das Recht der Menschen, zu verwalten, und diesem Augapfel Gottes irgend worin zu nahe getreten zu sein jederzeit in Besorgnis stehen muss."

V

Größe ist Verpflichtung, ist zukunftsweisende Gestaltung, wie die hellenistischen Staaten nach Alexander, das römische Kaisertum nach Caesar, ein christliches Imperium nach Konstantin bestanden. Was wurde aus Karls des Großen Herrschaft? Der Versuch des beim Tode Karls einzigen Sohnes Ludwig, die Reichseinheit zu erhalten, schlug fehl. Ludwig, dem eine spätere Zeit den Beinamen des Frommen gab, konnte sich nicht durchsetzen und wurde gedemütigt. Von den Söhnen nicht unterstützt, vom Heer allein gelassen, schaffte man ihn 833 als Gefangenen in ein Kloster, wo er öffentlich Buße leisten und seine eigene Unfähigkeit zur Herrschaft bekennen musste. Das Reich wurde geteilt, wieder zusammengefügt, abermals aufgeteilt usw. wie bei einem Erbhofstreit, und das war es letztlich auch, denn nach fränkischem Brauch wurde über Herrschaft wie über Besitz verfügt.

Das Kaisertum, das Karl der Große seit Weihnachten 800 trug (das sogenannte „Zweikaiserproblem" bleibe beiseite), wurde zum Spielball: auf Ludwig den Frommen folgte dessen ältester Sohn Lothar I., auf ihn der Bruder Ludwig II., der auf Italien beschränkt blieb; nach dessen Tod 875 kam es zu einer Art Wettrennen zur Kaiserkrönung in Rom, das Karl der Kahle gewann. Dessen Neffe Karl III., den wir den Dicken nennen, konnte die Teile des fränkischen Gesamtreiches zwar noch einmal kurz zusammenfügen, aber er gab sein Führungsamt kampflos auf, als ein Konkurrent gegen ihn antrat. Was in der Herrschaft folgte, waren kümmerliche Kleinkaiser.

Doch selbst während dieser dynastischen Rangeleien wurde fleißig der Name „der Große" verteilt. Ermoldus Nigellus nannte Ludwig den Frommen „Ludwig den Großen", wie andererseits Notker von St. Gallen, genannt der Stammler (Balbulus), Verfasser der anekdotenreichen „Taten Karls des Großen", seinem Landesherrn, dem gleichnamigen Sohn Ludwigs des Frommen, die Bezeichnung „der Große" gab. Dessen Sohn Karl III., eben jener Karl „der Dicke", trat in zeremonieller Würde als „Karl der Große Kaiser" auf. Es ließen sich noch weitere Karlsnachfolger mit Magnus-Namen vorführen, aber es gilt das stolze Wort des Geschichtsschreibers Nithard, eines Enkels Karls des Großen, „Karl sei von allen Völkern mit Recht ‚der Große' genannt worden; seine Erben hätten weder seine schreckliche Stärke erreicht, noch seine liebenswürdige Güte und wunderbare Weisheit. Sie trügen wohl den Kaisernamen, zerstückelten aber dessen Vermächtnis." Man hat resümiert: „Karl blieb der Große, weil seine Nachkommen kleinlicher waren" (Arno Borst).

Aber die Kleinheit allein wäre nur ein auf die einzelne Person bezogener Unterschied; wichtiger noch als die mächtige Gestalt Karls ist die Wirkung seiner Herrschaft - bis auf den heutigen Tag. Jacob Burckhardt formuliert es so: „Das Imperium Carls hatte den großen Segen mit sich, die europäischen Völker zu einem Culturganzen zusammenzugewöhnen... So kurz die Einheit dauerte, so war doch der Eindruck von idealer Seite sehr groß und von realer Seite dadurch wichtig, daß carolingische Einrichtungen dann auch in den Einzelstaaten als selbstverständlich weiterlebten und die Homogenität des Zerissenen aufrechthielten." Karls Erbschaft war Europa, und damit sind wir beim nächsten Stichwort.

VI

Lectura super Europam. Tertia pars orbis, fratres, Europa vocatur; Der dritte Teil der Welt, Brüder, wird Europa genannt. Mit diesem Vers beginnt das wohl dem Ende der Karolingerzeit zuzuweisende Walthari-Lied, das die mittelalterliche Weltvorstellung wiedergibt. Der Erdkreis besteht aus drei Kontinenten: aus Europa, Afrika und Asien; die Neuzeit beginnt mit der Entdeckung des vierten Kontinents: Amerika; von Australien, dem fünften, wusste man nicht lange Zeit später, auch wenn zunächst dort niemand an Land ging. Die Größenverhältnisse der drei alten Kontinente konnte man aus Augustinus Gottesstaat lernen: Asien sei so groß wie Europa und Afrika zusammen. Von unserem Europa wird nicht selten eine Verbindungslinie zum „karolingischen Europa" hergestellt, aber man sollte vorsichtig sein, denn die Vorstellung was Europa sei, war nicht zu allen Zeiten gleich, und die Bedeutungsfelder sind in den verschiedenen Sprachen verschieden.

Das klassische Buch des Engländers Christopher Dawson z.B. „The Making of Europe. An Introduction of European Unity" (1932), das die Zeit bis rund um das Jahr 1000 behandelt, ist auf Deutsch unter der Überschrift „Die Gestaltung des Abendlandes. Eine Einführung in die Geschichte der abendländischen Einheit" (1935) erschienen. Andrerseits hat das provozierende Buch des Historikers und Publizisten Friedrich Heer (1916-1983), das später - im 12. Jahrhundert - einsetzt, den Titel: „Aufgang Europas" (1949), und Heer untermauerte den Europa-Begriff wie er ihn verstand mit einer „europäischen Geistesgeschichte" (1953) und mit der kühnen Behauptung: Europa, das sei die Mutter der Revolutionen („Europa, Mutter der Revolutionen"). Was Europa sei, darüber gibt es eine erdrückende Zahl von Analysen, Überlegungen, Vorschlägen, Darstellungen.

Im deutschen Sprachgebrauch hat das Wort „Europa" offenbar einen Beigeschmack, der manchen zögern lässt, es schon auf die Karolingerzeit anzuwenden. „Europa", so lautet eine Umschreibung in der Einleitung zum „Handbuch der europäischen Geschichte" (Theodor Schieder), sei ein geographischer, zugleich aber ein historischer Begriff: sein „kontinuierliches Moment ... ist der Humanismus und die aus seinem Geschichtsbild stammende Vorstellung eines ursächlichen

Geschehniszusammenhanges von der Geschichte der griechischen Stadtstaaten bis zum Zeitalter des weltbeherrschenden zivilisierten ‚weißen Mannes'. " Historisch-philosophisch orientierte Denker umschreiben die Geisteshaltung des heutigen Europäers in folgender Weise: Als europäisch gelte (so Karl Löwith, 1897-1973) eine Lebensordnung, die getragen werde vom beweglichen, erfinderischen, anpassungsfähigen Menschen, der bestimmt sei von Entdeckungsfreude und rationalem Zugriff auf die Welt, dem die Individualität mehr bedeute als die Masse, die Freiheit mehr als die Macht. Bildhafter ist der durch die Welt gekommene Europa-Forscher Oskar Halecki (1891-1976), der sich sein ganzes Leben mit dem Europabegriff beschäftigt hat: „Alles Kolossale und Uniforme ist eindeutig uneuropäisch, und das ist das Geheimnis aller Verfeinerung und aller Eigenart europäischer Zivilisation. "

VII

Bei solcher Wertung tritt das Band christlicher Einheit zurück, das mehr dem Wort „Abendland" zugeordnet erscheint. Es gibt zwar Überlappungsfelder, aber es bleibt doch eine Spannung zwischen der christlichen „abendländischen Einheit" und der humanistischen „europäischen Vielfalt", und es lässt sich fragen, wann das europäische Element das abendländische zurückdrängte. Am Anfang unserer Geschichte steht - dem deutschen Sprachgebrauch nach - ein „abendländisches" Kaisertum, kein „europäisches", obwohl Karl der Große zu seiner Zeit als Europae ... apex, als pater Europae oder Europae veneranda pharus besungen worden ist. Wer Karl den Großen als eine sichtbare Gestalt des gesamten Kontinents auftreten lassen will, der könnte das Wort Europa sehr wohl wählen, so wie ein Zeitgenosse die Truppen Karl Martells, die die Araber bei Tours und Poitiers 732 zurückschlugen, Europenses nannte; es ist eine spanische Quelle, die durchaus von der Vorstellung ausgegangen sein könnte, hier sei Afrika zurückgeschlagen worden, die Nachkommen des Noah-Sohn Japhet, dem Europa gebührte, hätten die Abkömmlinge des Cham, dem Afrika zustand, in ihre Schranken gewiesen, und präzise nennt der spanische Autor die arabischen Gegner die „Söhne Ismaels", die mit der über Nordafrika herrschenden Kalifendynastie verbunden blieben.

Wo Jakob Burckhardt Karl den Großen als Schöpfer eines europäischen „Culturganzen" feiert, setzt er hinzu: „Die höchst gefährliche Schattenseite lag in der Krönung durch den Papst und überhaupt im Verhältnis zur Kirche als einem vermeintlichen Instrumentum Imperii, während sie doch, wie handgreiflich vorauszusehen war, bald die Richterin ..., die Kronenverleiherin werden mußte. " Aber das spielt nach Karl dem Großen, mit dem man die Genesis unseres „Europagedankens" verbindet: „Nährboden des Europagedankens ist die Vorstellung, daß Europa nicht nur eine geographische Größe ist, sondern vielmehr eine historische Einheit bildet, die sich als Zivilisationsraum, Völkerfamilie, Wertegemeinschaft oder Kultureinheit versteht, von der Zeit Karls des Großen bis zum 16. Jahrhundert durch den Begriff „Abendland" getragen. " So steht es im letzten Brockhaus.

VIII

Gemäß unserem, am Titel „Karl der Große - Versuch einer europäischen Ordnung" sich entlangbewegenden Programm steht eine lectura super ordinem noch aus, und hier sind wir in der günstigen Lage, dass am Anfang des karolingischen Königtums eine von höchster Stelle gegebene Aussage über die Herrschaftsordnung steht. Die merowingische Königsherrschaft war in der Mitte des 8. Jahrhunderts nach Ansehen und Wirksamkeit zur Nichtigkeit herabgesunken, so dass der Hausmeier Pippin, der Vater Karls des Großen, beim Papst in Rom anfragte, ob es gut sei, dass derjenige König sei, der zwar König heiße, aber keine königliche Gewalt besitze. Die fraglos gewünschte Antwort des Papstes Zacharias kam prompt (751): es sei besser, der hieße König, der die Macht habe, als derjenige, der ohne Macht sei; angeschlossen ist der berühmte Satz „damit die Ordnung nicht gestört werde" (ut non conturbaretur ordo). Name und Sein müssen übereinstimmen, dici et esse, rex dicitur et est. Gott hat Dinge und Menschen beim Namen gerufen, und die Weltordnung gerät durcheinander, wenn die Übereinstimmung von Name und Sache gestört ist.

Ein König im Amt hat für die von Gott gewollte Ordnung zu sorgen. Und Karl der Große tat es wachsam und ausgreifend. Die Fürsorge galt nicht nur dem staatlich-weltlichen Raum, sie galt nicht minder in Kirchen- und Glaubensfragen. Dabei scheute er nicht vor einer Auseinandersetzung mit Rom und dem Papsttum zurück. Schon 774, als er zum ersten Mal nach Rom kam, stattete ihn der neue Papst Hadrian I. mit einem Rechtsbuch aus, von dessen Statuten er - so heißt es in einem Beigedicht von barbarischem Latein - nicht abweichen solle. Karl scherte sich nicht um diese Warnung; die fränkische Kirche hatte ihre eigenen kirchenrechtlichen Handreichungen.

Es ging aber auch um handfesten Besitz. Die römische Kirche war von den Langobarden eingeschnürt worden, und nach Pippin 754 hatte auch Karl versprochen, die Gebiete der Langobarden - 774 war ihre Herrschaft beseitigt - dem heiligen Petrus zu übereignen: die Gründung des Patrimonium Petri. Karl ließ sich Zeit, Hadrian mahnte in Briefen die Einlösung des Versprechens an, schließlich schickte er Gesandte; einige wurden so zudringlich, dass Karl sie kurzerhand rauswarf und einen Brief an Papst Hadrian schrieb, er verbäte sich solcherart Ungehörigkeiten. Rom als Sitz des Petrusnachfolgers imponierte Karl nicht; in seinem Testament ordnete er Rom schlicht unter die Metropolen ein, unter die Erzbischofssitze: Rom, Ravenna, Mailand und auch Köln.

Aber Karls Kompetenzgefühl reichte über die Rechts- und Gebietsfragen weit hinaus. Er, nicht der Papst, zumindest nicht der Papst allein, war der Glaubenswächter. Als Karl und seine Theologen befanden, das als ökumenisch sich gebende, allein von Griechen beschickte Konzil von Nikäa von 787 hätte in der Frage der Bilderverehrung Falsches beschlossen - es roch nach Götzendienst -, ließ er eine theologische Denkschrift verfassen, die sogenannten Libri Carolini. Auch der ökumenische Charakter dieses Konzils von Nikäa wurde konterkariert. Karl veranlasste 794 eine große Kirchenversammlung in Frankfurt, die von sich behauptete, sie sei rechtgläubig (catholicum) „und vielleicht könne sie universal (ökumenisch) genannt werden“, denn schließlich seien mehrere Kirchenprovinzen zusammengetreten. Hier wurde die Bilderfrage abweichend von Rom definiert. Nicht der Papst, der fränkische König und römische Kaiser spricht auf allen diesen Feldern das letzte Wort. Jacob Burckhardt notierte das Bedenkliche dieser Haltung, Karl der Große habe „mit allem Religiösen und Heiligen identisch sein“ wollen und sei schließlich selber „ein halber Papst geworden“. Auf die Dauer jedoch, so schließt Burckhardt, habe der halbe Papst keine Aussicht gehabt, sich gegen den ganzen zu behaupten. Und so kam es denn auch. Heinrich IV. ging 1077 nach Canossa und Innozenz III. bestimmte um 1200, wer „geeignet“ sei, deutscher König und römischer Kaiser zu sein.

IX

Karl der Große - Versuch einer europäischen Ordnung. Seinem Reich hat Burckhardt das Verdienst zugeschrieben, „die europäischen Völker zu einem Culturganzen“ zusammengewöhnt zu haben. Und wie definieren wir, Karls Erben, unsere Zugehörigkeit zur abendländisch-europäischen Tradition? Die Frage ist zu einem günstigen Zeitpunkt gestellt, denn noch schwingt die heftige Diskussion nach, die im Satzungskonvent zu einer europäischen Verfassung unter dem Vorsitz Giscard d'Estaings geführt worden ist. Es ging um die „Charta der Grundrechte der Europäischen Union“, und kein Punkt war so umstritten wie die Grundsatz-Präambel. Wie ordnen sich die einzelnen Länder in die Tradition ein oder: wie halten sie es mit der Religion, im EU-Jargon: mit dem „Religiösen Erbe“.

Hier fand der aus 62 Mitgliedern bestehende Konvent zu keiner Einigung. Um ein Scheitern zu vermeiden, hat die Präambel für die einzelnen Länder einen unterschiedlichen Wortlaut. Deutschland spricht von dem Bewusstsein „des geistig-religiösen und sittlichen Erbes“. Frankreich, das einst den „Rex christianissimus“ stellte, lehnte entsprechend seiner laizistischen Tradition kategorisch jeden religiösen Bezug ab (in Frankreich ist die Trennung von Staat und Kirche seit 1905 gesetzlich verankert) und machte sogar die Zustimmung zur Gesamt-Charta vom Entfallen jeglichen religiösen Bezugs abhängig. In der französischen und in der englischen Version spricht der einschlägige Passus von: „heritage spirituel“, beziehungsweise „spiritual heritage“. Bei manchen Vertretern schlug der Zeiger des

„geistig-religiösen Erbes" weiter aus. Der österreichische Delegierte war der einzige, der sich unbeirrt für die Beibehaltung des „religiösen Erbes" in dieser puren Form (nicht „geistig-religiös") einsetzte, der deutsche Wortführer der Christdemokraten im Europaparlament, das CSU-Mitglied Ingo Friedrich, wollte Gott in der Präambel unterbringen, und dem Präsidenten der EU-Kommission Romano Prodi ermangelte es, wie er sagte, zu sehr am Christentum.

Und wie würde - oder darf ich sagen: wird - die Schweiz, wenn es dazu kommt, sich entscheiden, innerhalb deren Grenzen ein Zwingli und ein Calvin ebenso wirkten wie ein Jean-Jacques Rousseau? Die Schwierigkeit der Festlegung sollte doch kein Grund sein, der Europäischen Union fern zu bleiben. Wie halten Sie's, so frage ich unsere Schweizer Freunde, mit Karls des Großen „religiösem Erbe"? Wir sind gespannt und nehmen, wie man es von Jacob Burckhardt einmal gesagt hat, auf dem Balkon der Weltgeschichte Platz und schauen zu.

Zum Autor:

Prof. Dr. Dr. h.c. mult. Horst Fuhrmann
Geboren 1926 in Kreuzburg/Oberschlesien. Nach Kriegsdienst und Gefangenschaft Studium der Geschichte, klassischen Philologie und Rechtsgeschichte. 1952 Dissertation über mittelalterliche Patriarchate. 1954 bis 1957 Mitarbeiter am Institut der Monumenta Germaniae Historica in München und am Deutschen Historischen Institut in Rom. 1960/62 Habilitation in Kiel über die „Pseudoisidorischen Dekretalen". Seit 1962 Ordinarius für Geschichte der Universität Tübingen, 1971-1994 der Universität Regensburg und Präsident der Monumenta Germaniae Historica in München sowie 1992-1997 Präsident der Bayerischen Akademie der Wissenschaften. Seit 1985 Mitglied der Sachverständigenkommission des Deutschen Historischen Museums.

1962 Premio Spoleto per il medio evo; 1981 Preis Cultore di Roma; 1986 Pour le mérite für Wissenschaften und Künste; 1998 Großes Bundesverdienstkreuz mit Stern; 1989 Oberschlesischer Kulturpreis; 1990 Bayerischer Verdienstorden; 1990 Premio internationale Ascoli Piceno (letteratura e saggistica); 1998 Bayerischer Maximiliansorden; 2003 Kulturpreis Schlesien.

Zahlreiche Veröffentlichungen zur Geschichte des Mittelalters und zum Papsttum, darunter "Einladung ins Mittelalter" (^{5}1997, auch als Taschenbuch ^{2}2003); "Überall ist Mittelalter. Von der Gegenwart einer vergangenen Zeit" (^{3}1998, auch als Taschenbuch ^{2}2003); "Die Päpste. Von Petrus zu Johannes Paul II." (1998).

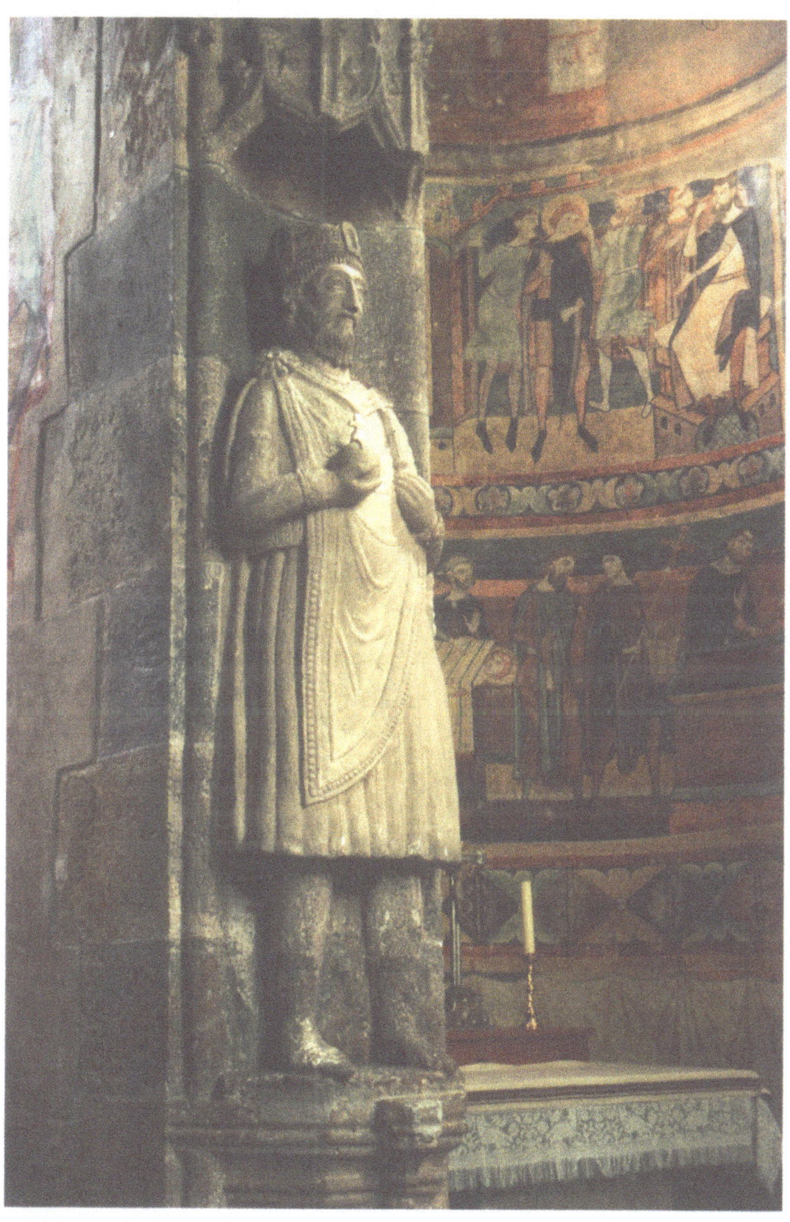

Abb. 1
Standbild Karls des Großen aus Stuck unter dem Baldachin von 1488
Müstair, Klosterkirche St. Johann

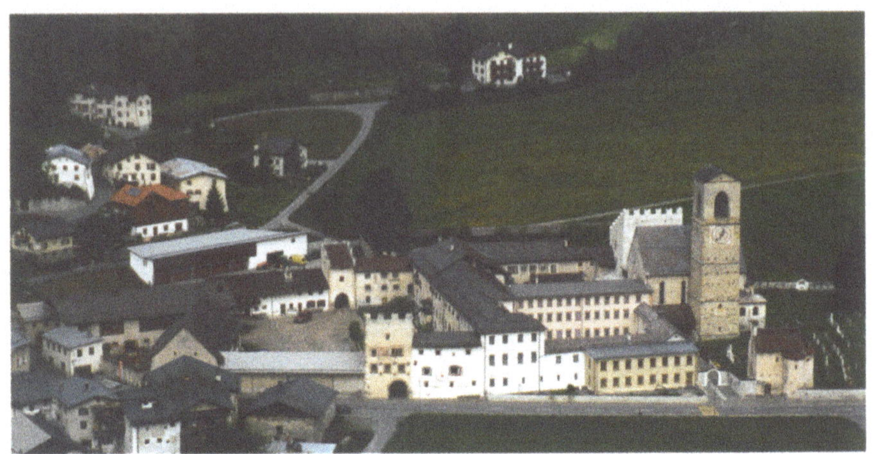

Abb. 2
Kloster St. Johann in Müstair
Flugbild der Klosteranlage gegen Norden

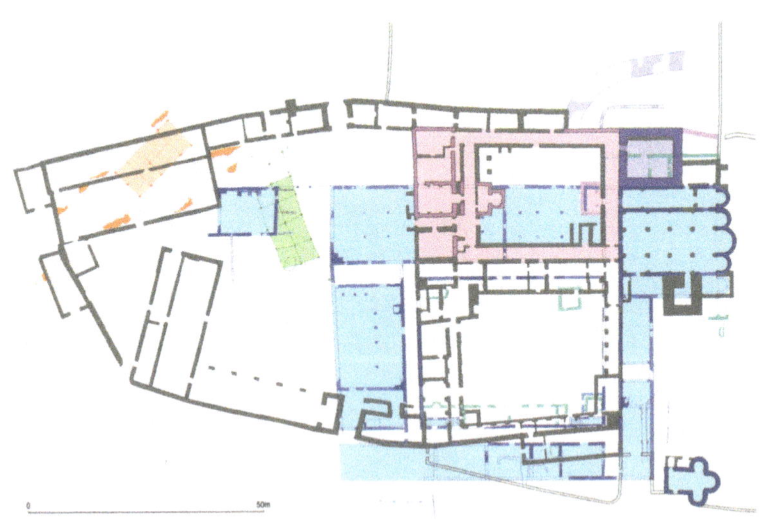

Abb. 3
Grundriss der Klosteranlage St. Johann in Müstair
grau = heutiger Bestand, orange = bronzezeitliches Pfostenhaus um 1500 v. Chr., grün = spätantiker Pfostenbau, blau = karolingisch um 800, violett = ottonisch um 960, rosa = frühromanisch um 1035

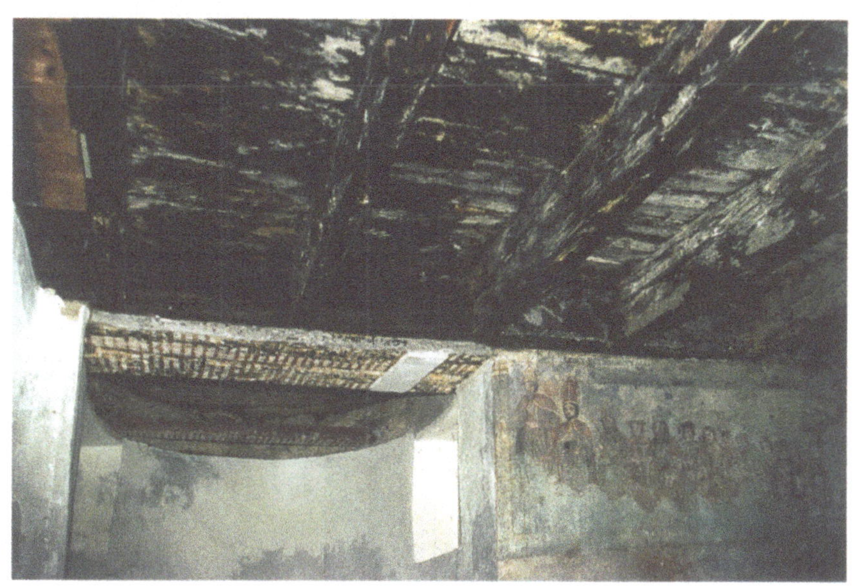

Abb. 4
Balkendecke in der Heiligkreuzkapelle
Gefertigt aus Lärchenstämmen, die 785/788 gefällt wurden.
Müstair, Kloster St. Johann

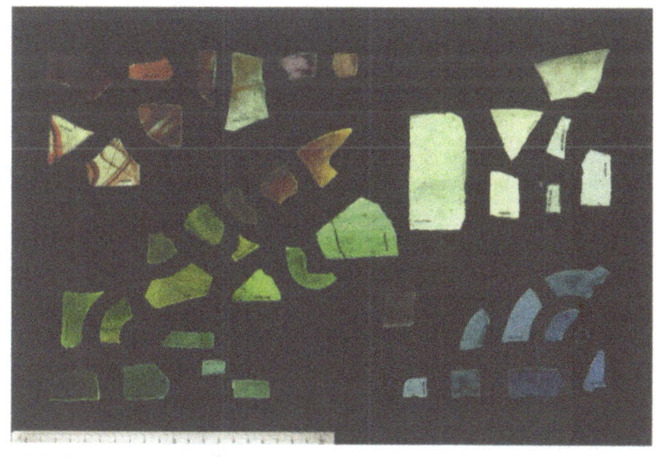

Abb. 5
Karolingisches Fensterglas
Grabungsfund
Müstair, Kloster St. Johann

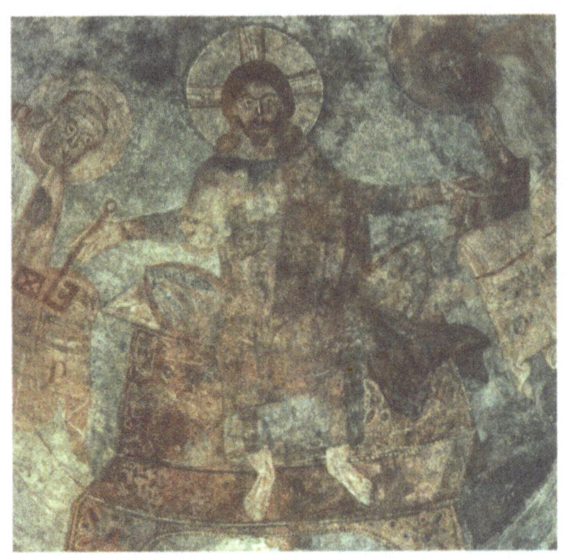

Abb. 6
Traditio legis. Christus überreicht Petrus die Schlüssel und Paulus das Gesetzbuch
Karolingische Wandmalerei in der Nordapsis-Kalotte
Müstair, Klosterkirche St. Johann

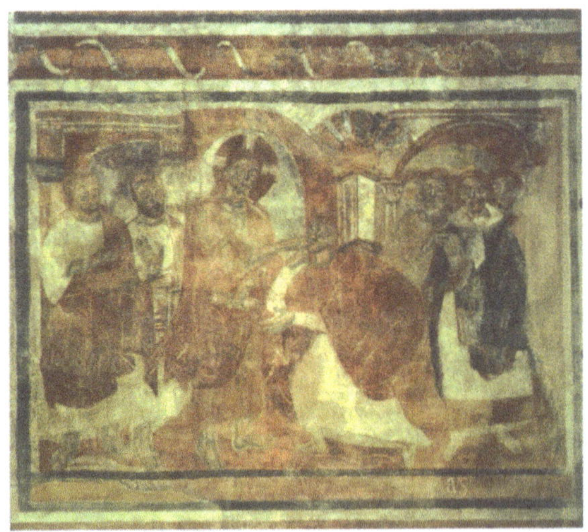

Abb. 7
Heilung des Taubstummen
Karolingische Wandmalerei an der Nordwand
Müstair, Klosterkirche St. Johann

Jürg Goll

Karl der Große und das Kloster St. Johann in Müstair

Gründung Karls des Großen in Geschichte und Legende

Müstair ist die südöstlichste Gemeinde des Kantons Graubünden und des Bistums Chur. Der Ort grenzt ans Südtirol, genauer gesagt an den seit 1918 italienischen Vinschgau, und befindet sich nahe des Dreiländerecks zwischen Österreich, Italien und der Schweiz. Ähnlich wie heute lag das Münstertal schon im frühen Mittelalter am Rande eines politischen und kirchlichen Herrschaftsgebietes.

Seit dem 6. Jahrhundert gehörte es zum südöstlichen Ausläufer der Provinz Raetia Curiensis und damit zum fränkischen Einflussgebiet *(Abb. 9)*. Militärische Interventionen der Franken berührten 575 den Vinschgau. Die damals entstandene Grenze gegen die Langobarden bei Meran hatte als Bistumsgrenze bis ins beginnende 19. Jahrhundert Bestand.[1] Während der Schwäche des merowingischen Königtums im 7. und 8. Jahrhundert entwickelte sich die ehemalige Raetia prima zu einer Bischofsherrschaft, in der die geistliche und weltliche Gewalt in einer Hand verbunden waren. Im Sinne eines verstärkten Landesausbaus hatte der Bischof von Chur als Landesherr ein erhebliches Interesse an einem Verwaltungssitz und damit an der Gründung eines starken Klosters südlich des Alpenhauptkamms, zumal ihm die exponierte Lage zwischen den Langobarden im Süden und den seit dem frühen 8. Jahrhundert von Norden her kolonisierenden Bajuwaren[2] nicht gleichgültig sein konnte.

Kirchlich war das Bistum Chur bis zum Vertrag von Verdun 843 in die Erzdiözese Mailand eingebunden. Das Christentum konnte sich in der Wende vom 4. zum 5. Jahrhundert in Rätien festsetzen, hat aber das Gebiet erst in einem langsamen Prozess durchdrungen. Heidnische Bräuche lebten bis ins 6./7. Jahrhundert weiter, wie die archäologischen Untersuchungen in der Kulthöhle von Zillis aufgezeigt haben.[3] Auch schriftliche Quellen aus dem 8. und 9. Jahrhundert wie die Lex Romana Curiensis und die Capitula Remedii mit ihren Verboten sowie die Heiligenviten des Luzius und des Gallus zeugen von fortdauernden Missionsbemühungen.[4] In diesem Umfeld mag die Gründung des Klosters St. Johann in Müstair als Zentrum für die tiefere Verankerung des Christentums – und damit wiederum als Instrument der Landeshoheit – verstanden werden, und könnte nicht zuletzt gegen den immer noch virulenten Arianismus der Langobarden gerichtet gewesen sein. Pater Iso Müller sah den Hauptantrieb für die Klostergründung in der religiösen Bewegung einer christlich-asketischen Welle und verteidigt diesen Gedanken gegen die Vorstellung, eine Klostergründung sei primär herrschaftlich-politisch motiviert gewesen.[5]

Gleichwohl standen hinter der Klostergründung von Müstair nicht nur religiöse und innerrätische Motive: „*Die Legende erzählt nämlich, Kaiser Karl habe, nachdem er in Mailand sich die lombardische Königskrone aufs Haupt hatte setzen lassen, begleitet von seiner Gemahlin Hildegarde (oder nach Anderen von seiner Schwester?), den Rückweg durch das Veltlin eingeschlagen und sei auf der Wormser-Seite (Bormio) des Umbrail- oder Wormser-Jochs in grosse Lebensgefahr gerathen. In der Angst haben er und die Kaiserin das Gelübde gethan, wenn sie gesund und unverletzt aus den Schlünden und Abgründen des Gebirgs kommen würden, in der ersten bewohnbaren Gegend ein Kloster und nicht weit davon eine Kirche zu Ehren der h. Jungfrau zu errichten. Als sie vom Umbrail glücklich in's Thal heruntergestiegen, habe er sogleich zum Kloster Münster und sie zu der Kirche St. Maria den Grund gelegt.*“ [6]

Diese Legende enthält drei wesentliche Elemente: Zum einen nennt sie Karl den Großen als Gründer des Klosters.[7] Diese Überlieferung haftet seit jeher an Müstair. Ältestes Zeugnis ist die Stuckstatue Karls des Großen, die an prominenter Stelle im Chor der Klosterkirche aufgestellt ist *(Abb. 1)*. Dieses bedeutende Objekt wird im vorliegenden Band von Hans Rutishauser vorgestellt. Eine weitere Darstellung findet sich in einem Klosterurbar von 1394 *(Abb. 13)* und zeigt den gekrönten Kaiser Karl in wilder Haartracht als Stifter mit einem Klostermodell. Weitere Hinweise, von denen einige schon von Müller 1976 und 1978 eingehend diskutiert worden sind, hat Hans Rudolf Sennhauser mit allen Belegen in seinem Aufsatz zur Gründungszeit und Karlstradition erneut zusammengestellt und in ein völlig anderes Licht gerückt.[8]

Zum Zweiten erwähnt die Erzählvariante von Paul Foffa[6] als eine der wenigen die Krönung zum König der Langobarden. Sie gibt damit einen Fingerzeig auf das politische Umfeld der Klostergründung und zugleich einen Datierungshinweis, der mit den neusten archäologischen Befunden besser übereinstimmt als die häufigere Variante mit der Rückkehr nach der Kaiserkrönung im Jahre 801.[9] Letztere geht wohl auf den Chronisten Ulrich Campell († 1584) zurück, der in seiner „topographischen Beschreibung des obern Rätien“ aus der Mitte des 16. Jahrhunderts die Szene auf der Heimreise von Rom spielen lässt, was dem Jahr 801 entspricht.[10] Dieses Datum fand sich denn auch als spätgotische Inschrift „*Divus Carolus Magnus huius Monasterii fundator 801*“ hinter der Statue Karls des Großen in der Klosterkirche.

Das dritte Kernelement nennt die Passstrassen, die ganz wesentlich zur Gründung des Klosters Müstair beigetragen haben: Das Kloster als Herberge, ein *hospitium* im Dienste der Reisenden, aber auch zur Kontrolle des Passverkehrs. Müstair hat hierfür eine ideale Lage gefunden. Nur wenige Kilometer von der alten Römerstrasse Via Claudia Augusta Padana entfernt, die Verona mit Augsburg verbindet, partizipiert das Kloster an einer der wichtigsten Nord-Süd-Achsen. Nur scheinbar liegt es zurückgezogen im Schutz des Seitentals. Ein Blick auf die Karte zeigt, dass sich genau hier wichtige Querverbindungen kreuzen. Einerseits zweigt der Weg vom Inntal von der Via Claudia Augusta ab, um über den Umbrail oder den ebenso beliebten Übergang über die Val Mora das Veltlin und die Lombardei zu erreichen. Wenn man vom Adriaraum her kommt und ins Rheintal gelangen will, führt die kürzeste Verbindung direkt hinter dem Kloster durch das Avingatal über den Cruschettapass durchs Val S-charl weiter ins Unterengadin und nochmals über Pässe ins Prättigau oder ins Montafon.[11] Zeugen des einst lebhafteren Passverkehrs sind das Johanniterhospiz St. Johann in Taufers, die Kapelle des Pilgerheiligen Valentin bei Rifair, bei dem ebenfalls ein Hospiz stand und eine Zollstätte war, und nicht zuletzt die Burgen Rotund und Reichenberg, denen der Schutz und Kontrolle des Weges und des Handels oblag. Vor der Zeit des Burgenbaus und des verdichteten Landesausbaus hat vermutlich das Kloster in Müstair die Funktionen des Hospizes[12] und der Passsicherung wahrgenommen.[13]

Passstrassen sind nicht nur Wege für Reisen und Handel, sondern auch Aufmarschrouten für Heere. Dies hat Müstair in seiner langen Geschichte in verschiedenster Hinsicht erfahren. Immer wenn die Passwege politisch wichtig wurden, hat sich das in der Baugeschichte des Klosters einerseits als herbe Schicksalsschläge anderseits auch mit neuen Bauten deutlich niedergeschlagen. Das beginnt im 8. Jahrhundert mit der Gründung, wiederholt sich im 10. Jahrhundert vor dem Hintergrund der Italienpolitik von Otto I. und hat Bedeutung im 11.–13. Jahrhundert als Station des zunehmenden Bergbaus und als Marktort[14]. Müstair gelangte schon im 15. Jahrhundert ins Visier der Habsburger, was sich bis 1499 zur Schlacht an der Calven zuspitzte, und blieb auch in der österreichischen Militärpolitik des 18. Jahrhunderts ein wichtiger Faktor, weil der kürzeste Weg vom Inntal nach Mailand durch das Münstertal führte. Bereits in den Bündner Wirren, wie die wechselnden Allianzen während des 30-jährigen Kriegs in der Schweizer Geschichtsschreibung heißen, war das Interesse an den Pässen der entscheidende Faktor im Kräftespiel zwischen den Großmächten.

Die Klostergründung fällt nicht zufällig in die Phase der karolingischen Ostexpansion. Um 773 hat Karl der Große das Schutzverhältnis gegenüber dem Bischof von Chur verstärkt. Er band ihn damit stärker ins Reich ein.[15] 774 wird Karl zum König der Langobarden gekrönt, bereits ein Jahr später werden Hölzer für den Klosterbau in Müstair gefällt und 788 wird der Bayernherzog Tassilo III. entmachtet. Der Vorstoß scheint mit klarer Absicht von langer Hand vorbereitet zu sein. Karl wollte die Bündner Pässe sichern und brauchte das Kloster als Stützpunkt. Es erscheint wie eine Antwort auf die Klostergründungen Tassilos, der mit seinen Missionsklöstern Vorposten setzte und (vorläufige) Grenzen absteckte. Die Gründung Innichens im Pustertal 769 ist so ein Fall – Müstair eine fränkische Parallele dazu: Das Kloster steht auf sicherem Terrain in der alten fränkischen Einflusszone, überaus günstig an Passwegen gelegen, ideal für die Kontrolle und praktisch als Etappenort für weitere Vorhaben.

Was für eine Rolle kam dem Bischof und Rektor bei der Klostergründung zu? Karl hat Bischof Constantius selber eingesetzt und ihn mit einem Schutzprivileg versehen. Damit gewann er ihn als Verbündeten und hielt sich für seine Unternehmungen den Rücken frei. Clavadetscher und Loose haben darauf hingewiesen, dass sich in Müstair und in Taufers altes Königsgut befand.[16] Es ist folglich nicht auszuschließen, dass solcher Besitz für die Ausstattung des Klosters beigezogen wurde, und es sich in Müstair tatsächlich um eine königliche Gründung handelte. Hingegen war der Bischof maßgeblich daran beteiligt und richtete sich offenbar von Anfang an eine Pfalz ein, wie sich aus der Organisation des Klostergrundrisses und der späteren Baugeschichte schlüssig ableiten lässt.

Als für Karl die Mission im Osten des Reiches erfüllt war, schreckte er nicht zurück, mit der *divisio inter episcopatum et comitatum* von 806 Kirchengut zu säkularisieren und die fränkische Grafschaftsverfassung einzuführen. Damit wurde Rätien vollständig in das fränkische Herrschaftssystem eingebunden, der Bischof auf seine kirchlichen Aufgaben beschränkt und die Herrschaftsrechte einem Grafen als Vertreter des Königs übertragen.[17] Diese Entmachtung lief nicht ohne Einwände ab. Bischof Victor III. versuchte sich mit einer Klageschrift gegen die Enteignung von drei Männerklöstern zu wehren.[18] Die Forschung hat bisher unwidersprochen angenommen, es handle sich dabei um Disentis, Pfäfers und Müstair. Im Hinblick auf die Gründungsgeschichte Müstairs – für das die Stiftung als königliches Eigenkloster durchaus wahrscheinlich ist, und als solches wird es im Diplom Karls III. von 881 unzweifelhaft bezeichnet (*res proprietatis nostrae*)[19] – kann entscheidend sein, dass Sennhauser St. Luzi in Chur als Kloster anspricht.[20] Dadurch scheint es möglich, dass St. Luzi und nicht Müstair das dritte dem Bischof entrissene Männerkloster war, was für Müstair zur Konsequenz hätte, dass selbst Bischof Victor die königlichen Rechte am Kloster Müstair nicht bestritten hätte.

Zu dieser Diskussion ist das letzte Wort noch nicht gesprochen. Sennhauser hat in Aussicht gestellt, sich andernorts zu diesem Thema zu äußern. Auch sind die schriftlichen Quellen zu dünn gesät, um all die Fragen zu klären. Umso deutlicher sprechen die archäologischen Quellen, die in den letzten 35 Jahren erarbeitet worden sind.

Der Standort des Klosters

Die großräumige Lage ist eingangs knapp dargestellt worden. Kleinräumig gesehen, wurde für den Klosterbau ein idealer Platz ausgewählt, der vor Hochwasser, Überschwemmungen und Murgängen verschont geblieben ist *(Abb. 2)*. Schon in der Bronzezeit gab es dort eine kleine Siedlung. In den archäologischen Ausgrabungen kamen eisenzeitliche Funde und römische Baureste zum Vorschein.[21] Wie die meisten Siedlungen im Vinschgau liegt auch das Kloster am Rande eines Schwemmkegels, wo das Geschiebe aus dem Seitental bei Schneeschmelze und nach langen Regenperioden seitlich abziehen kann. Für Hangrutsche und Lawinen ist die Stelle nicht erreichbar. Der Murkegel ist gutes Ackerland und kann bei Bedarf mittels Grabensystemen, den sogenannten Waalen[22], bewässert werden. Der niederschlagsarme und windreiche Vinschgau und auch das Münstertal können auf eine uralte, hoch entwickelte Bewässerungstradition mit ausgeklügelten Rechtsverhältnissen zurück blicken. Der Platz des Klosters ist gut besonnt, und auch sonst ist das Klima trotz der Höhenlage auf 1250 m über Meer erstaunlich mild. Nirgendwo sonst in den Alpen erreicht die Waldgrenze die stolze Höhe von 2300 m und konnte Getreide bis auf 1900 m angebaut werden.

In diesem bevorzugten und erprobten Siedlungsgebiet wäre die durch Flurnamen erschlossene *curtis dominica* zu erwarten, die aber bislang nicht ergraben werden konnte, vermutlich, weil die zugehörigen Gebäude nicht im Klosterareal, sondern in der näheren Umgebung zu suchen sind. Der Siedlungsraum hing wohl ursprünglich mit der Nachbargemeinde Taufers im Münstertal (heute Italien) zusammen. Das Kloster wurde anfänglich stets nach Taufers benannt: *monasterium in Tuberis.* Erst nach der Mitte des 12. Jahrhunderts beginnt die namentliche Scheidung in das alte Dorf Taufers und die um das Kloster herum entstandene Siedlung Müstair.[23]

Der Kirchenbau

Der Bauplatz des Klosters wurde großflächig eingeebnet, dann hob man die Fundamentgräben aus und erstellte als erstes die Dreiapsidenkirche[24] samt ihren seitlichen Annexen. Die Arbeit verlief praktisch ohne Unterbruch. Alle Fundamente, soweit sie in der Grabung einsehbar waren[25], stehen miteinander im Verband, nahtlos und in einem Guss errichtet. Bereits im Fundamentbereich wurde der Verlauf der aufgehenden Mauern mit Vierkantpföstchen präzise abgesteckt. Türen und Durchgänge waren ab Fundamentoberkante fest geplant und ohne Korrekturen ausgeführt worden. Für Türen erstellte man hölzerne Rahmen aus kräftigen Bohlen, die mit dem Aufziehen der Mauern allseitig umfasst wurden.[26] Die hohen Rundbogenportale, die von den Seitenannexen in die Kirche führten, wurden in den Laibungen frei und in den Bögen über Schalung gemauert. Innerhalb der Mauerstärke legte man ab und zu hölzerne Ringanker ein, die zur Versteifung des Mauerwerks beitrugen und ein schnelleres Weiterarbeiten erlaubten.[27] Zum Teil heute noch erhaltene Mauerlatten waren längs zu den inneren Mauerfronten eingemauert, mit denen sich die aufliegenden Deckenbalken der Annexe sauber horizontieren ließen. Auf gleicher Höhe bildeten drei Lagen von flachen Steinplatten ein nach außen vorspringendes, dreistufiges Gesims. Dieses war verputzt und bemalt (Befund an der Nordannexmauer). Die Dachstühle der Annexe haben offenbar aus einer von den Decken unabhängigen Konstruktion bestanden. Vorspringende Wasserschlaggesimse deckten die Firstlinie der Pultdächer. Die Außenwand des Kirchenschiffes über den Annexdächern und – auf der gleichen Höhe – die Westfassade sind mit einer regelmäßigen Folge von rundbogigen Blendarkaden gegliedert. In je zwei Blendenfeldern nach Süden und Norden und in dreien gegen Westen sind Rundbogenfenster präzise eingemittet. Nach Osten hin weiten sich drei hufeisenförmige Apsiden mit je einem großen Scheitelfenster. Ein weiteres Rundbogenfenster lag sehr tief in der Westwand und warf spärliches Licht aus der Kirche in den westlich angrenzenden Korridor. Dieses Binnenfenster hatte rechtwinklige Gewände. Die hochliegenden Schifffenster waren abgeschrägt, durchgehend verputzt und ohne Fensteranschlag. Einzig feine Mörtelgrate verraten die Lage eines Keilrahmens. In den großen Apsisfenstern waren einst Holzrahmen eingemauert. Von ihrer ursprünglichen Verglasung ist zwar bislang nichts gefunden worden, kann aber in Analogie zu Flachglasfunden aus den Wohntrakten ebenfalls als reiche Farbfenster vorgestellt werden. Die Apsiden sind mit gemauerten Kalotten überwölbt. Der Saal war ursprünglich flach gedeckt und mit einer (bemalten?) Bretterdecke versehen.

Das Kirchenschiff und die Annexe waren mit Mörtelgussböden belegt, deren Oberflächen mit feinstem Ziegelmehl rot gefärbt waren. Das Ziegelmehl hatte nicht nur einen ästhetischen Reiz, sondern trug offenbar zur Vergütung der Bodenoberfläche bei. Sie wurde dadurch viel härter und widerstandsfähiger. Die erhöhte Chorpartie in der Kirche und im Nordannex wurde – im Nordannex nachgewiesenermaßen erst in einer zweiten Bauphase – mit Marmorplatten belegt. Von einer reichen, mehrteiligen und räumlich ausgreifenden Schrankenanlage zeugt eine umfangreiche Sammlung von wieder aufgefundenen Marmorskulpturen.[28] Es kommen Stufen, Sockelquader, Schrankenplatten, Schrankenpfeiler, Säulen, Kapitelle, Balkenstücke, Rundbögen, Giebelstücke u.a.m. vor. Die außerordentliche Qualität der Ausstattung zeigt sich aber besonders im theologisch komplexen Programm der Ausmalung und in der künstlerisch hochstehenden Ausführung; dazu mehr von Hans Rutishauser.

In den Giebelfronten der Kirche sind mehrere angekohlte Hölzer aus der karolingischen Bauzeit erhalten. Ihre dendrochronologische Datierung ergibt Fälldaten um 775/776 und erhärtet die frühe Gründungszeit des Klosters. Ein Fälljahr bezeugt zwar nicht das Baudatum, kommt ihm aber erfahrungsgemäss bis auf wenige Jahre nahe, weil die Bauhölzer in der Regel grün, das heißt ungetrocknet und ungelagert verbaut wurden. Fälldaten markieren zumindest das Datum für die Bauvorbereitung.

Eingemauerte Balken knapp unterhalb der Giebelspitze fixieren vierkantige Vertikalhölzchen, die an die Absteckpfosten in den Fundamenten erinnern. Sie dienten vermutlich der Vermessung, mit denen die Lage der Giebelspitze und die Schräge der Giebellinien genau festgelegt werden konnten. Nicht zuletzt daran zeigt sich ein professioneller Baubetrieb von Anfang bis Ende, ein erfahrener und eingespielter Bautrupp, der in Müstair bestimmt nicht sein Erstlingswerk aufführte. Nach der Fixierung des Firstpunktes wurden die Mauerkronen des Giebels fertig gestellt und überputzt. Im Mauermörtel zeichnen sich die Negative von Balken der Dachdeckung ab. Auffallend ist, dass der äußere Drittel der Mauerkronen ausgebrochen ist. Dort hat man offenbar bei der hochmittelalterlichen Aufhöhung des Kirchengiebels Steinplatten weggeschlagen, die ursprünglich über die Fassadenfront vorgestanden sind und entlang dem Ortgang ein zweifaches Gesims gebildet haben.

Damit kommen wir nochmals zurück zur Gestaltung des Außenbaus: Wie beim Nordannex trat auch unter der Traufe des Kirchendachs ein dreistufiges Gesims über die Fassade vor. Es zeigt in der Untersicht eine Abfolge von weiß und rot bemalten Flächen, die deutlich genug Backsteinkonsolen imitieren. Horizontale ineinander verhakte ~-Linien in grauer Farbe zieren die Ansichten der Gesimsstufen und werfen die Frage auf, ob damit Stirnen von Hohlziegeln gemeint sind, wie sie in Traufgesimsen von italienischen Backsteinbauten jüngerer Zeitstellung (!) ausgebildet worden sind. Das dreifache Gesims reicht über die ganze Gebäudelänge bis zu den Ecken. Dort läuft die unterste Stufe an Ecklisenen aus. Die oberen zwei Stufen setzten sich fort und liefen auf gleicher Höhe über die ganze Westfassade. Darunter war ein rot-weißes Zickzackband gemalt. Das Giebelfeld über dem Horizontalgesims ist mit drei gestaffelten Blendenfeldern aufgelockert. Entlang dem Ortgang muss man sich auch hier ein ansteigendes zweistufiges Gesims vorstellen. Die dritte Stufe wurde vermutlich von der Dachhaut gebildet.

Die Ostfassade weist einen wesentlichen Unterschied zur Westfassade auf: Das Horizontalgesims lag höher als die Traufgesimse der Längswände, so hoch, dass sie mit den schrägen Gesimsen des Ortgangs ein geschlossenes Giebeldreieck bildeten. Vermutlich ist man damit den Spitzen der Absidendächer nach oben ausgewichen. Darunter verlief wiederum ein rot-weißes Zackenfries, mit gelben Begleitlinien etwas reicher gestaltet.[29] Entlang dem verlorenen Ortganggesims kann man immerhin noch eine rote Begleitlinie nachweisen. Die Gesimsplatten sind im Hoch- oder Spätmittelalter weggebrochen worden. An den Apsiden sind die originalen Traufgesimse weitgehend erhalten. Sie sind dreifach gestuft und mit dem gleichen Zickzackmotiv wie unter dem Horizontalgesims des Ostgiebels verziert. Alle Blendbögen und Rundbogenfenster sind mit aufgemalten, doppelten Backsteinbögen überfangen und imitieren gebaute Backsteinarchitektur.[30] Damit wird deutlich, woher sich diese Architekturzitate herleiten. Sie verweisen über den zeitgenössischen langobardischen Backsteinbau (z.B. Brescia, San Salvatore[31]) auf die imperiale Architektur von Ravenna (z.B. S. Apollinare in Classe, Grabmahl der Galla Placidia). Hier wie dort finden sich gereihte Blendarkaden, darin Rundbogenfenster, doppelte Backsteinreihen, Gesimse und Giebeldreiecke. Auch Größe und Form der Apsisfenster sind diesen Bauten entlehnt, ganz zu schweigen von Detailformen in der Ausmalung im Innern. Das Vorbild Ravenna ist nicht nur im Aachen Karls des Großen[32] (und später wieder unter den Ottonen[33]) rezipiert worden. Auch das periphere Alpenkloster nimmt an dieser *renovatio* teil und belebt sie auf seine südalpine, lombardisch beeinflusste Weise. Die Kirche erhebt damit Anspruch auf königlichen Rang.

Sennhauser hat den Kirchengrundriss von Müstair mit der Klosterkirche von Abt Gozbert im Reichskloster St. Gallen verglichen und dabei Erstaunliches herausgearbeitet[34]: Der Dreiapsidensaal passt in den Chorraum von St. Gallen. Die weiträumigen Mönchschöre lassen sich dabei ziemlich genau in Übereinstimmung bringen und – eine spannende neue Lesart der so genannten Schriftvariante – auch mit dem St. Galler Klosterplan. Müstair ist mit ihrem Einheitsraum nur Mönchskirche. Der Verzicht auf ein Laienschiff hebt sie ab von einer Volkskirche des Bischofs. Wenn Laien Zugang hatten, so mag das auf einen der Seitenannexe beschränkt gewesen sein. Der Mönchsteil aber steht in keiner Weise hinter dem bedeutenden Reichskloster St. Gallen zurück.

Die Annexräume

Seitliche Annexe begleiten die Kirche in voller Länge und enden in Apsiden. Sie sind als *porticus* zu verstehen und erfüllten die Funktionen eines Narthex als Vorbereitungsräume und Zugänge zur Klosterkirche. Der nördliche Annex war vom Nordtrakt des Klosters aus zugänglich. Ein großer, nicht verschließbarer Rundbogendurchgang führte direkt in die Vorchorzone. Der östlichste Teil war mit Stufen und Schranken abgetrennt und diente als Nebenkapelle, die dem Hl. Martin, dem fränkischen Hausheiligen, geweiht war.[35] Im Zusammenhang mit der erörterten Klosterstiftung durch Karl den Großen ist auch auf das Patrozinium der Stadtkirche St. Martin in Chur hinzuweisen, die im letzten Drittel des 8. Jahrhunderts erstmals erwähnt wird und bis 958 königliche Eigenkirche war. Gemeinsamkeiten mit der Klosterkirche Müstair finden sich nicht nur im Grundriss der Dreiapsidenkirche und in der architektonischen Gestaltung der Außenwand, sondern auch im Mauerwerk, das identische handwerkliche Eigenheiten aufweist.[36]

Aus dem Nordannex führten zwei Türen nach Norden in einen äußeren Annex mit drei Räumen. Der westlichste Raum war mit einem Lehmtrampelboden ziemlich schlicht eingerichtet, war aber heizbar mit einem in die Raumecke eingepassten Ofen auf birnenförmigem Grundriss. Die Wohnung könnte durchreisende Mönche beherbergt haben, für die auch der (etwas jüngere) St. Galler Klosterplan auf der Nordseite nahe bei der Kirche entsprechende Räume mit übereinstimmender Ofenform vorsah (*susceptio fratrum superuenientium*). Der östlichste Raum war geräumiger und besaß einen Mörtelgussboden mit ziegelroter Oberfläche. Die kaum abgenützte Bodenoberfläche entlang der Nordwand lässt auf den Schutz durch Wandbänke und davon abgeleitet auf einen Versammlungsraum schließen. Von da aus führte eine Tür in den gefangenen mittleren Raum. Der Tür gegenüber stand ein großes Marmorbecken auf einem gemauerten Sockel. Die Anlage ist mehrfach angepasst und umgebaut worden. Zwei Interpretationen drängen sich in den

Vordergrund: Sennhauser vermutet im Versammlungsraum eine Frühform des Kapitelsaals. Davon abgeleitet sieht er im Marmorbecken eine Einrichtung für die rituellen Fußwaschungen, die in vielen Klöstern vor 816 als tägliche Demutsübung vollzogen wurden.[37] Geht man davon aus, dass der Nordtrakt des Klosters schon sehr früh als Bischofspfalz diente[38], wäre eher an eine Nutzung zu denken, die dem Bischof und seinen Gästen diente. In diesem Sinne drängt sich der Gedanke an eine vielleicht sekundär eingerichtete Taufgelegenheit auf.[39]

Der Südannex war vom Osttrakt her zugänglich, wo die Mönche ihre Wohnräume hatten. Von ihm aus führten zwei Zugänge in die Kirche. Der östliche entspricht der großen Rundbogenöffnung im Norden, führte direkt vor das Sanktuarium und diente dem feierlichen Einzug der Mönche. Die westliche Türe hatte einen Holzrahmen und war offenbar verschließbar. Sie erlaubte den direkten Zutritt in den westlichen Teil des Mönchschors, eine Möglichkeit, die es von Norden her nicht gibt. Es gab auch kein Westportal. Einzig ein Rundbogenfenster belichtete den angrenzenden Korridor zwischen Kirche und Nordtrakt. Das mehrfach genannte Benediktpatrozinium dürfte aufgrund der räumlichen Nähe zum Mönchskonvent ursprünglich am Altar im Südannex gehaftet haben. Auch der Südannex war begleitet von einem äußeren Annex, der aber durch den Bau des Glockenturms aus den 1530er Jahren bis auf wenige, aus dem Zusammenhang gerissene Reste zerstört ist.

Die Heiligkreuzkapelle

Die Heiligkreuzkapelle ist ein geheimnisvoller doppelgeschossiger Bau, der heute isoliert am Eingang zum Friedhof steht *(Abb. 10, 4)*. Das Gebäude wurde bisher ins 12. Jahrhundert datiert.[40] Erst die archäologischen Untersuchungen außen um die Kapelle und im Untergeschoss deckten nach und nach auf, dass sie in der Gründungszeit des Klosters entstanden ist. So wie der Bau sich heute präsentiert, ist er bereits um 788 errichtet worden.[41]

Die Fundamente zeugen jedoch von einer älteren Planvariante: eine Saalkirche mit Apsis in voller Schiffbreite, aber bereits mit den zwei Seitenapsiden. Die Breite des Schiffs verhält sich zur Gesamtlänge wie 1:2. Die Seitenapsiden setzen genau auf der halben Kapellenlänge an. Dieser klassische Grundriss findet sich im östlichen Alpengebiet im Frühmittelalter relativ häufig.[42] Es war nicht möglich, den älteren Grundriss zeitlich genauer zu definieren. Gesichert ist indessen, dass bei einem Bauunterbruch die Fundamentoberfläche mit Lehm der Umgebung verschmutzt worden ist und danach unverändert weiter gebaut wurde, mit Ausnahme der Ostapsis, die man ungefähr auf das Maß der Seitenkapellen verkleinerte, um aus dem Längsbau einen Trikonchos zu machen. Irritierend ist die ganz andersartige Handschrift im Fundamentmauerwerk – dieses wirkt wilder, ungeordneter, verwendet unterschiedlich große gebrochene Steine und hat nichts gemein mit dem systematischen Fundamentaufbau der Klosterkirche und der Konventgebäude. Dieser erhebliche Unterschied nährt die Zweifel, ob das Fundament der Heiligkreuzkapelle nicht sogar von einer älteren Kapelle stammt, die in die früheste Klosterphase, wenn nicht sogar in vorklösterliche Zeit zurückgeht. Andere Belege als dieser Stilunterschied im Mauerwerk liegen jedoch nicht vor.

Der heutige Trikonchos besteht aus einem gedrungenen Untergeschoss und einem sehr hohen Obergeschossraum. Man merkt ihm heute noch an, dass er nicht als echter Zentralbau konzipiert wurde, sondern aus einem Längsraum mit angeschobenen Apsiden entstanden ist. Die Decke des Erdgeschosses beziehungsweise der Fußboden des Obergeschosses ist zur Hälfte noch original, wie die Deckenuntersuchung im Untergeschoss und erste Sondierungen im Obergeschoss ergaben. Die schlanken hochrechteckigen Deckenbalken in der östlichen Kapellenhälfte wurden gemäss Jahrringdatierung zwischen 785 und 788 geschlagen. Sie stehen auf ihren 15 cm schmalen Seitenflächen, ruhen auf Mauerlatten auf und sind fest ins Kapellenmauerwerk eingebunden. Die darauf liegenden Deckenbohlen mit den gleichen Dimensionen tragen den Mörtelgussboden des Obergeschosses, in dem sich Negative von Chorschranken beim Westansatz der Seitenapsiden erhalten haben. Die Schranken zeichnen sich auch im bemalten Verputz des Obergeschosses ab. Die westliche Deckenhälfte ist einem Brand zum Opfer gefallen und wurde im gleichen Stil mit Balken von 1021 erneuert. In der Rollschicht des erneuerten Mörtelgussbodens finden sich bemalte Stuckfragmente der karolingischen Kapellenausstattung.

Das niedrige Untergeschoss ist einerseits als Sockel für die Obergeschosskapelle zu verstehen. Andererseits weist ein holzausgekleideter Schacht in der Ostapsis mit den Innenmassen von 2,34 x 1,94 m auf die Funktion als Gruftraum hin. Diese Aufgabe als Bestattungsraum für hochgestellte Persönlichkeiten aus dem Umfeld des Klosters oder des Bischofs kann den Wechsel der Bauform zu der für Memorialbauten typischen zentralisierenden Gestalt beeinflusst haben. Das Obergeschoss ist dem Wohngeschoss des Konventes zugeordnet und war mit diesem durch einen doppelgeschossigen Gang verbunden. Man könnte es als Privatkapelle des Abtes interpretieren.

Die Konventbauten

Das Klostergeviert bildet ein großes, fast regelmäßiges Rechteck, das mit der Nordostecke an die Klosterkirche anschließt *(Abb. 3)*. Die vier mindestens doppelgeschossigen Trakte umschließen einen Kreuzgang. Die Breite der Trakte nimmt im Gegenuhrzeigersinn ab. Der Nordtrakt ist mit nahezu 15 m der breiteste. Er ist fast symmetrisch in drei Abschnitte geteilt. In der Mitte befindet sich ein Vierstützenraum, in dessen Zentrum ein großer, im Innern kreisrunder Heizofen stand.[43] Nach Osten schließt sich ein Längsraum an, der mit Pfeilerreihen in drei ungefähr gleich breite Schiffe gegliedert ist. Die Mörtelgussböden in beiden Räumen verweisen auf gehobenere Ansprüche. Die westliche dreischiffige Halle mit sechs Stützen war mit einem Holzboden versehen. Sennhauser interpretiert den Nordtrakt als Pfalz und vergleicht ihn mit St-Wandrille-Fontenelle, dessen Räume in der Klosterchronik beschrieben sind.[44]

Der Westflügel ist vom Nord- und Südtrakt durch Korridore abgegrenzt. Er enthält einen großen Saal mit den gleichen Grundrissdimensionen wie die Klosterkirche. Nicht auf der Mittelachse des Saales, sondern in der Mitte des gesamten Gebäudes, das heißt inklusive Kreuzgang, liegt die Stützenreihe und stand direkt unter dem First des Satteldaches. Drei Pfeiler vor der Nordwand könnten zu einem Aufgang oder zu einer Tribüne des hohen Raumes gehört haben. Der Saal war mit einem Mörtelgussboden, einem Ofen und einer offenen Herdstelle ausgestattet. Südlich war er begleitet von einem großen Vorrats- oder Küchenraum mit Feuerstelle. In diesem Westflügel lokalisiert Sennhauser den Gästetrakt des Klosters.[43] Im Westen befand sich, wie heute noch, der Wirtschaftshof des Klosters.

Die unterschiedlichen Raumgrößen und der differenzierte Ausbaustandard weist den Südtrakt als Wirtschafts- und Arbeitsflügel des Klosters aus. Der Boden im südlichen Kreuzgang hat als einziger keinen Mörtelguss erhalten. Zwei Räume hatten Feuerstellen, und zwei waren mittels Heizkanälen unter dem Fußboden heizbar. Zwei Freitreppen führten vom Kreuzhof ins Obergeschoss, das im Verlauf des 9. Jahrhunderts großzügig verbreitert wurde, indem man es mit einer in den Kreuzhof hineingebauten Pfeilerreihe abstützte. Freskenfunde weisen auf eine repräsentative Ausstattung hin.

Der Osttrakt, obwohl der schmalste von allen, war immerhin noch 6 m breit. Seine Verbindung zur Klosterkirche und zur Heiligkreuzkapelle weist ihn als Wohntrakt der Mönche aus. In der südlichen Hälfte des Erdgeschosses befindet sich ein kleiner Raum mit Ofen, in dem von zwei Seiten Wasserkanäle zusammenlaufen. Zu einem Kanal vereint, lief das Wasser der Ostwand entlang durch den anschließenden Längsraum nach Süden weiter. In römischer Tradition könnte es sich um Waschräume mit Warm- und Kaltwasser gehandelt haben. Schlafräume dürften im Obergeschoss untergebracht gewesen sein. Küche und Refektorium sind ebenfalls im Osttrakt oder im Südtrakt zu vermuten. Die Südostecke war außen von einem doppelgeschossigen Gang umgeben, der eine Verbindung zur Heiligkreuzkapelle schuf.

Erstaunlich ist der Reichtum an Fensterglasfunden *(Abb. 5)*, die im östlichsten Raum des Südflügels und im Brandschutt des zerstörten Osttrakts gefunden wurden.[45] Die Scherben im Südflügel lassen sich zu geometrischen Ornamenten aus Quadraten, Dreiecken und Kreisen in allen Schattierungen von hell- bis dunkelgrünem Glas zusammensetzen. Unter den Scherben im Brandschutt waren alle

Farben von klarem Glas bis dunkelstem Grün, von marmoriertem Dunkelrot über rosa bis zu grau und blau vertreten. Mit dem Kröseleisen wurden sie in vielfältigste Formen gebracht, die ohne Zweifel zu Bildfenstern mit ornamentalen, floralen oder gar figuralen Motiven zusammengefügt waren. Es kommen auch Hohlglasfragmente von Sturzbechern, Trinkgläsern mit Reticella-Auflagen oder Öllampen mit Henkeln vor.

Alles in allem weist das Kloster Müstair Dimensionen und einen Reichtum an Ausstattung und Gebrauchsgegenständen auf, das einen Vergleich mit Reichsklöstern in keiner Weise scheuen muss.

Der ottonische Plantaturm

881 haben sich die Besitzverhältnisse in Müstair insofern geklärt, als der Bischof durch Abtausch mit Gütern im Elsass in den alleinigen Besitz des Klosters gelangt ist.[46] In der Klosteranlage scheint sich nicht viel geändert zu haben. In den mönchseigenen Trakten im Süden und Osten des Konventes sind für diese Zeit einige Um- und Erweiterungsbauten zu verzeichnen. Im nördlichen Residenzflügel waren die archäologischen Schichten hingegen um einiges schlechter erhalten, so dass eine ähnlich differenzierte Umbaugeschichte nicht möglich ist.

In der späten Karolingerzeit erstarkte das Churer Bistum wieder etwas, weil den Bischöfen vermehrt Herrschafts- und Verwaltungsaufgaben übertragen wurden. Einigen Besitz, der ihnen bei der *divisio* entzogen wurde, konnten sie zurück erlangen. Besondere Förderung erfuhren um die Mitte des 10. Jahrhunderts die Bischöfe Waldo (920–949) und Hartbert (951– ca. 972) infolge der ottonischen Italienpolitik.[47] In Müstair scheint sich die Geschichte unter anderen Vorzeichen zu wiederholen: Der Herrscher sicherte sich das Mitwirken des Bischofs, um für seine alpenübergreifende Politik über die wichtigen Passübergänge verfügen zu können. Die Unterstützung äußerte sich in Vergabungen von Gütern und Rechten. – In der Folge entstand in Müstair der Plantaturm.

Zuvor muss aber Mitte des 10. Jahrhunderts ein Unglück über Müstair hereingebrochen sein, über das die schriftlichen Quellen schweigen. Archäologisch gesehen haben die Ereignisse Brand- und Zerstörungsschichten hinterlassen. Der äußere Annex im Norden wurde nicht nur eingeäschert, sondern völlig zerstört. Wie weit das Feuer um sich gegriffen hatte, lässt sich nicht definieren. Der angrenzende Nordannex erlitt Brandschäden, und aufgrund der Intensität der Zerstörungen im Äußeren Annex kann man sich nicht vorstellen, dass das Holzwerk der Kirche die Katastrophe unbeschadet überstanden hat. Im Deckenbereich der Kirche sind vor 1200 zwei Renovationen nachzuweisen. Eine mag auf den Vorfall in der Mitte des 10. Jahrhunderts gefolgt sein. Andere Befunde zeigen, dass die Schrankenanlage der Kirche brutal zerstört worden ist. Mehrere Fragmente liegen im Brandschutt des Äußeren Annexes, Passstücke dazu finden sich in Schichten südlich der Kirche, andere sind im Plantaturm als Baumaterial verbaut. Die Zerstreuung der Bruchstücke, ihr Fragmentierungsgrad, der Brand und vor allem die Reaktion darauf mit dem Bau eines Wehrturmes weist auf ein kriegerisches Ereignis hin. Es ist die Zeit der Ungarn- und vor allem Sarazenenüberfälle, denen das Kloster Disentis und die Stadt Chur um 940 ausgesetzt waren. Aber auch andere Orte waren betroffen, darunter auch Müstair, obwohl sie nicht namentlich genannt werden. Als König Otto I. nach 951/952 von seinem ersten Italienzug über die Bündner Pässe zurückkehrte, konnte er sich selber von den Zerstörungen überzeugen.[48]

Über den Ruinen des Äußeren Annexes wurde der Plantaturm gebaut, ein mächtiger Wohn- und Wehrturm *(Abb. 11)*, der bereits im 10. Jahrhundert die wesentlichen Merkmale des mittelalterlichen Burgenbaus aufweist: Mauern von 1,7 m Dicke im Erdgeschoss, Hocheingang sowie Zaun und Umfassungsgraben; später kam ein zwingerartig ummauerter Vorhof dazu. Das massige Gebäude auf der Grundfläche von 12 x 13 m hatte einen Keller und drei Wohngeschosse. Es war mit allen Notwendigkeiten einer Wohnung ausgestattet, hatte großzügige Räume, war auf zwei Stockwerken mit einer Toilette versehen und besaß zuoberst einen Söller mit großen Rundbogenfenstern nach allen Seiten. Bei letzterem ist noch zu diskutieren, ob es sich um eine offene Dachloggia für festliche Anlässe nach italienischem Stil handelte oder doch eher um ein Verteidigungsgeschoss, das außen von einer hölzernen Wehrplattform umgeben war, auf die eine Südtüre im dritten Geschoss hinaus geführt hatte. Die Türe ist nachgewiesen; die entsprechenden Hinweise auf die Konstruktion einer Wehrplattform oder eines Balkons sind von historischen Verputzen bedeckt und entziehen sich dadurch der archäologischen Forschung. Wie in der karolingischen Kirche sind während dem Bau des Turmmauerwerks kräftige Balken eingemauert worden, die mittels Überkämmungen in den Gebäudeecken kräftige Ringanker bildeten. Einige Hölzer haben sich erhalten und ergeben Fälldaten von 958–961. Damit wird der Turm in die Regierungszeit Bischof Hartberts (ca. 949–970) datiert, der für die Italien- und Kaiserpolitik Otto des Großen eine der wichtigsten Stützen war und dafür auch reichlich entschädigt wurde. 961 zog Otto mit einem großen Heer durch das Gebiet und erlangte an Lichtmess 962 in Rom die Kaiserkrone.

Der Eingang des Turms lag dem Kloster abgewandt auf der Ostseite. Er richtete sich auf einen Weg aus, der vom Vinschgau kommend oberhalb des Klosters durchgeführt hatte. Eine interne Verbindung zur Kirche konnte bisher nicht nachgewiesen werden. Der Turm entstand als bischöfliches Haus und offenbar nicht als Abt- oder Klosterturm. Er wurde vom Bischof im 13. Jahrhundert an die Reichenberger verliehen.[49] Ende des 15. Jahrhunderts findet sich der Bau im Besitz der Äbtissin Angelina Planta (1478–1509), die ihn nach der Einäscherung durch die

Truppen von Kaiser Maximilian I. 1499 – ein Akt, der unter anderen am 22. Mai 1499 zur Calvenschlacht führte –, vollständig neu ausgebaut hat.

Die frühromanische Bischofsresidenz

Der karolingische Pfalzflügel im Norden der karolingischen Klosteranlage hat nur als Ruine das zweite Jahrtausend erreicht. Brandschichten und Abbruchspuren zeugen vom Zerfall. Die ehemaligen Mörtelgussböden waren durchlöchert, bis auf die Unterlagssteine abgenutzt oder mit schmierigen Erdschichten abgedeckt. Im Winkel der Kreuzgangmauer finden sich kurzlebige Feuerstellen und Abfälle von handwerklichen Tätigkeiten. In dieser Umgebung baute Bischof Hartmann (1030–ca. 1039) um 1035 eine neue Residenz. Sie bestand aus einem dreigliedrigen Wohntrakt: in der Mitte ein dreigeschossiger Wohn- und Eingangsturm flankiert von großzügigen, doppelgeschossigen Saalbauten. Turm und Nordflügel sind fast ganz erhalten, vom Südflügel stehen noch einige Wandpartien aufrecht. Alle Fälldaten der Bauhölzer liegen in den 1030er-Jahren; die meisten wurden im Winterhalbjahr 1034/35 gefällt. Eine doppelläufige gemauerte Treppenanlage auf der Ostseite des Residenztraktes erschloss die Obergeschosse. Der Raum zwischen Residenz und Kirche wurde zu einem Atrium ausgebaut und mit einem gedeckten Gang umgeben. Die hofseitige Mauer war mit Biforen befenstert. Eingangsturm und Nordannex der Kirche liegen auf einer Linie. Auf dieser Achse weitete sich der Umgang zu quadratischen Durchgangs- und Empfangsräumen. Die Nordmauer des alten Kreuzgangflügels blieb nach wie vor die Grenze zwischen der Zuständigkeit des Klosters und des Bischofs. Dies geht aus der Verdoppelung der Gänge hervor, denn parallel zum neuen Umgang blieb der nördliche Kreuzgangflügel aus karolingischer Zeit erhalten.

Diese offene und mediterran wirkende Anlage steht im krassen Gegensatz zum starken und abweisenden Plantaturm. Es wundert nicht, dass der nachfolgende Bischof Thietmar (1040–1070) die beschriebene Hauptachse weitgehend schließen und die westliche Vorhalle in eine doppelgeschossige Kapelle umbauen ließ. Die Ulrichskapelle im Erdgeschoss erhielt einen quadratischen Choranbau mit Kuppel, die Niklauskapelle im Obergeschoss eine leicht gestelzte Apsis. In den Chorschulterwänden zu Seiten der Apsis sind kleine Apsidiolen in die Wandstärke eingegraben, die unten wie Nebenaltärchen mit einer Marmorplatte abgedeckt sind und sich oben mit einem Lichtschlitz nach außen öffnen. Die kürzlich aufgedeckte Weiheinschrift in der Niklauskapelle nennt Thietmar als den konsekrierenden Bischof.[50]

Der Chor der Ulrichskapelle wurde mit einem reichen Stuck- und Freskenprogramm ausgestattet *(Abb. 12)*: An den Seitenwänden saßen nimbierte Büsten auf einem Horizontalgesims. Eingangsbogen und die Rundbogennischen der Seitenwände sind von kräftigen Stuckfriesen begleitet. In den Raumecken befinden sich die vier Evangelistensymbole. Von diesen steigen Stuckrippen in die Kuppel hoch und tragen den Ring des verlorenen Mittelmedaillons. In die vier Gewölbezwickel sind qualitätsvolle Engelsbüsten hineinkomponiert. Die Hintergründe sind al fresko auf Verputz gemalt, wie auch die Triumphbogenuntersicht, deren Ausmalung mit Fisch und Meerwesen „das grausige Meer dieser Welt“[51] bedeuten soll. In den Tituli des Kapellenschiffs ist unter anderen der Name des Confessors Uodalricus erwähnt.[52] Bischof Ulrich von Augsburg (890–973) pflegte zu Churrätien und speziell zu den Churer Bischöfen ein nahes Verhältnis, und so fiel auch der Ruf seiner Heiligkeit hier auf fruchtbaren Boden und führte bald nach seiner Kanonisierung 993 zu Kirchen- und Kapellenpatrozinien, unter anderen wurde die Unterkapelle in der bischöflichen Residenz zu Müstair dem heiligen Ulrich geweiht.[53]

Bischof Egino (1163–1170) hat dem jungen Nonnenkonvent[54] im Kloster Müstair diese Kapellen und weiteren Besitz geschenkt. Mit diesem Akt fiel dem Kloster ein Areal zu, das sich die Eigenherren seit der Gründung als Residenz vorbehalten hatten. Die ehemalige Bischofsresidenz wurde zum Nukleus des spätmittelalterlichen Klaustrums. In der Folge haben die Schwestern die karolingischen Trakte nach und nach aufgegeben. Nur einzelne Mauerzüge blieben erhalten, wurden zu Hofmauern und waren Anknüpfungsstellen für spätere Erweiterungsbauten des Klosters.

Weitere Bischofsresidenzen

Der Bischof zog sich zunächst auf einen Bauplatz nördlich des Plantaturms zurück, wo ein großzügiger, mehrstöckiger Palasbau mit Freitreppe und mehreren Nebengebäuden entstand. In der Mitte des 13. Jahrhunderts baute Bischof Heinrich III. von Montfort (1251–1272) die Churburg bei Schluderns, die noch vor Ende des Jahrhunderts in die Hand der Herren von Matsch überging.[55] Längerer Erfolg war dem Bau der Fürstenburg in Burgeis zu Füssen des Klosters Marienberg beschieden, obwohl auch diese Anlage im Verlauf der Jahrhunderte verpfändet und zurückgewonnen, verteidigt, aufgegeben und wiederaufgebaut werden musste.[56] Der Baubeginn fällt vermutlich in die Regierungszeit von Bischof Konrad III. von Belmont (1273–1283), spätestens aber in die Zeit seines Nachfolgers Friedrich I. von Montfort (1282–1290). Noch näher am Puls des Verkehrs und des politischen Geschehens gelegen als Müstair, war sie nicht nur Wohnsitz der Bischöfe. Hierhin verlagerte sich im 14. Jahrhundert die Hofhaltung der Bischöfe und die Verwaltung der bischöflichen Güter. Der österreichische Kaiser hat nach den napoleonischen Feldzügen 1803 die Fürstenburg an sich gerissen. Heute beherbergt sie die Fachschule für Land- und Forstwirtschaft.

In Müstair wurde der sogenannte Egino-Palas im 14. oder 15. Jahrhundert eingeäschert. Spätestens Ende des 15. Jahrhunderts ging der Plantaturm an den Konvent über, brannte 1499 vollständig aus und wurde unter der Äbtissin Angelina Planta (1478–1509) so ausgebaut, dass er, mit Ausnahme des Gottesdienstes, sämtliche Bedürfnisse des kleinen Frauenkonventes erfüllen konnte. Müstair blieb weiterhin bischöfliches Kloster. Eingedenk dessen richtete die baufreudige Äbtissin Ursula Karl von Hohenbalken 1642 die Fürstenwohnung im Westtrakt ein, im Stockwerk über der frühmittelalterliche Bischofsresidenz.

Die jüngere Karlstradition in Müstair

Das Gedenken an die Gründung Karls des Großen setzte in Müstair wohl nicht erst nach der Heiligsprechung im Jahre 1165 ein. Es blieb bis heute lebendig. Daran erinnert nicht zuletzt die stete Präsenz der ehrwürdigen Karlsfigur in der Klosterkirche, die im Hochmittelalter geschaffen und 1488 mit einer spätgotischen Baldachinarchitektur überhöht wurde.[57] „In früheren Jahren trug die Statue alljährlich am 28. Jänner eine goldene Kette mit Medaillon (aus dem 16. Jahrhundert), die möglicherweise eigens zu diesem Schmucke verfertigt worden war“, weiss P. Albuin 1914 zu berichten.[58] Auf die kolorierte Federzeichnung mit der Darstellung Karls des Großen im Urbar von 1394 wurde bereits hingewiesen. Darin erscheint die Inschrift: *„Beatus Karolus construere fecit coenobium dictum monasterium“*[59] *(Abb. 13)*. Aus dem 14. und 15. Jahrhundert stammen ein Hymnus auf Karl den Großen mit dem bezeichnenden Titel *„Ympnus de sancto rege Kuralo, fundatore huius cenobii“* sowie ein Messformular auf das Fest Caroli Magni und ein Calendarium.[60]

1404 ließ das Frauenstift im Südannex der Kirche einen Altar zu Ehren des heiligen Benedikt und Karls des Großen rekonziliieren (1499 zerstört).[61] 1630 war Karl im Retabel des barocken Hochaltars mit einer Statue vertreten.[62] Seine Verehrung auf dem Altar offenbart sich um 1690 auch in einer vergoldeten Silbermonstranz von Meister „I.L.“[63] und um 1700 in der Augsburger Silbermonstranz von Dominikus Saler († 1718)[64], in denen Karl der Große neben anderen Heiligen erscheint. Zum späten Ölbild (wohl 19. Jahrhundert) mit der „Erscheinung der Einsiedler Madonna“, das Karl den Großen mit Kirchenmodell darstellt[65], passt eine historische Notiz von P. Caspar Willi, Pfarrer in Einsiedeln, in der er gegen jene Geschichtsschreiber argumentiert, welche die Gründung durch Karl den Großen in Zweifel ziehen möchten.[66] 1905 und 1913 stickten die Nonnen von Müstair mit Fleiß und Kunstfertigkeit zwei kostbare Messkleider, die je ein Bild Karls des Großen aufweisen.[67]

Wie schon Campell im 16. Jahrhundert berichtete[68], waren sich die Nonnen der Gründung durch Karl den Großen bewusst. Das hat sich in obgenannten Kunstobjekten niedergeschlagen und fand auch 1909 ein Echo, als die Nonnen dem Maler Martel Adam von Mals den Auftrag gaben, Karl den Großen in die Nische eines zugemauerten Fensters im Südhof zu malen. Dazu münzte Adam den

Kupferstich von Petrus à Beeck von 1615, der Karl den Großen als Stifter und Gründer von Aachen zeigt, auf das Kloster Müstair um und malte ihm statt der Pfalzkapelle das Modell der Dreiapsidenkirche von Müstair in den rechten Arm *(Abb. 15)*. Jährlich am Karlstag, dem 28. Januar, versammeln sich die Schwestern von St. Johann im Südhof vor diesem Bild und bringen dem Gründer ein freundliches, manchmal auch humoristisches Ständchen dar.

Wie die Nonnen das Andenken an Karl den Großen hochhielten, bewahrten sie auch die Kenntnis der karolingischen Fresken in Erinnerung und machten sie ab und zu einem Außenstehenden bekannt. Einblick erhielt der Kunstreisende Anton Roschmann in den 1730er-Jahren, der in seinem Reisebericht wörtlich mitteilt: „*Es melden aber die Klosterfrauen aldort, dass die ganze Kirche vordem übermalt gewesen sei, wie noch vieles über dem Kirchengewölbe zu sehen seien, bis zur Höhe des Dachstuhls.*“[69] Ähnliches dürften Johann Rudolf Rahn und später seine Schüler Josef Zemp und Robert Durrer Ende des 19. Jahrhunderts erlebt haben, als sie im „Dunkel des Dachraumes … den merkwürdigsten Fund“ machten.[70] Den letztgenannten Forschern fällt der Hauptverdienst zu, diese wichtige karolingische Anlage ins Bewusstsein der Historiker und Kunsthistoriker zurückgeholt zu haben. Die Freilegung der karolingischen Fresken 1947–1951 in der Klosterkirche belebte die Diskussion erneut. Der daraus resultierende Bekanntheitsgrad und die Wertschätzung gipfelte 1983 in der Ernennung zum UNESCO-Weltkulturerbe.

Seit 1969 finden im Zusammenhang mit der fortschreitenden Restaurierung des Klosters archäologische Untersuchungen unter der Leitung von Hans Rudolf Sennhauser statt. Die systematische Erforschung der Sachquellen vermag im Falle von Müstair die magere Schriftlichkeit mehr als aufzuwiegen und führt uns einen repräsentativen Großbau mit reicher malerischer und skulpturaler Ausstattung vor Augen, für dessen Verwirklichung die Mittel des Churer Bischofs kaum ausgereicht haben dürften. Damit lassen die archäologischen Befunde eine Gründung durch Karl den Großen ernsthaft in Erwägung ziehen.[71]

Zum Autor:

Dr. Jürg Goll

Geboren 1957 in Luzern. Studium der Kunstgeschichte und Mittelalterarchäologie im Hauptfach sowie historische Hilfswissenschaften und Kirchengeschichte in den Nebenfächern an der Universität Zürich. Während dem Studium Leiter der archäologischen Ausgrabungen im ehemaligen Zisterzienserkloster St. Urban (Kanton Luzern). 1994 Promotion bei Hans Rudolf Sennhauser mit der Dissertation „St. Urban - Baugeschichte und Baugestalt des mittelalterlichen Klosters“. Seit 1987 örtlicher Leiter der archäologischen Untersuchungen im Kloster St. Johann in Müstair im Auftrag des Instituts für Denkmalpflege an der Eidgenössischen Technischen Hochschule Zürich und des Archäologischen Dienstes Graubünden. Im Februar 2004 von der Stiftung Pro Kloster St. Johann gewählt als Gesamtverantwortlicher für die Bauhütte, d.h. für die Belange von Bau, Restaurierung und Kultur im Kloster Müstair. Seit 1990 auch Leiter der Stiftung Ziegelei-Museum in Cham (Kanton Zug).

Anmerkungen:

[1] REINHOLD KAISER, Das Frühmittelalter (Ende 5. bis Mitte 10. Jahrhundert), in: Handbuch der Bündner Geschichte, Band 1, Frühzeit bis Mittelalter, Chur 2000, S. 99–137, hier S. 102. – REINHOLD KAISER, Churrätien im frühen Mittelalter, Basel 1998, S. 32–34.
[2] HANS NOTHDURFTER, St. Benedikt in Mals, Mals 2002, S. 101. – RAINER LOOSE, Mittelalterliche Siedlungselemente und -strukturen in Südtirol und im Trentino, SA aus: La regione Trentino – Alto Adige nel medio evo, Atti dell'Accademia Roveretana degli Agiati 235, VI, 25, (1985) S. 179–202, hier S. 183. – GERTRUD SANDBERGER, Bistum Chur im Südtirol. Untersuchungen zur Ostausdehnung ursprünglicher Hochstiftsrechte im Vintschgau, SA aus: Zeitschrift für bayerische Landesgeschichte, Band 40, Heft 2/3, 1977, S. 720–721, 725.
[3] JÜRG RAGETH, Ein spätrömischer Kultplatz in einer Höhle bei Zillis GR, in: ZAK, Zeitschrift für Schweizerische Archäologie und Kunstgeschichte 51, 3/1994, S. 141–172. – Weitere Beispiele bei KAISER 1998, wie Anm. 1, S. 69–87.
[4] JOSEF ACKERMANN und SEBASTIAN GRÜNINGER, Christentum und Kirche im Ostalpenraum im ersten Jahrtausend, in: Frühe Kirchen im östlichen Alpengebiet. Von der Spätantike bis in ottonische Zeit, Band 2, München 2003 (Bayerische Akademie der Wissenschaften, philosophisch-historische Klasse, Abhandlungen, Neue Folge, Heft 123 / Schriften der Kommission zur vergleichenden Archäologie römischer Alpen- und Donauländer), S. 793–816. – MICHAEL DURST, Geschichte der Kirche im Bistum Chur 1: Von den Anfängen bis zum Vertrag von Verdun (843), Strassburg 2001, S. 23f. – Weiterführende Literatur siehe auch KAISER 1998, wie Anm. 1, S. 41–43.
[5] ISO MÜLLER, Geschichte des Klosters Müstair. Von den Anfängen bis zur Gegenwart, Disentis 1978, S. 10–11. – ISO MÜLLER, Karl der Grosse und Müstair, in: Schweizerische Zeitschrift für Geschichte 26, 1976, S. 273–287.
[6] Zitiert aus: PAUL FOFFA, Das bündnerische Münsterthal, eine historische Skizze, nebst einem Anhange von bezüglichen Urkunden, Chur 1864, Legende in Anm. S. 5.
[7] Zur Diskussion der karolingischen Klostergründungen siehe ACKERMANN/GRÜNINGER 2003, wie Anm. 4, S. 810–811. – Zur Forschungsgeschichte: HANS RUDOLF SENNHAUSER, Müstair, in: Reallexikon der Germanischen Altertumskunde, Band 20, 2. Aufl., hg. von Heinrich Beck, Dieter Geuenich, Heiko Steuer, Berlin / New York 2002, S. 372–381.
[8] HANS RUDOLF SENNHAUSER, Kloster Müstair, Gründungszeit und Karlstradition, in: König – Kirche – Adel, Herrschaftsstrukturen im mittleren Alpenraum, Tagungsakten von 1998, hrsg. von R. Loose und S. Lorenz, Lana 1999, S. 125–150.
[9] Die Sage in romanischer Sprache: CASPAR DECURTINS, Rätoromanische Chrestomathie, Band X, 2. Teil, Erlangen 1914, S. 1096.
[10] JOSEF ZEMP und ROBERT DURRER, Das Kloster St. Johann zu Münster in Graubünden, Genf 1906–1910 (Kunstdenkmäler der Schweiz, Mitteilungen der Schweiz. Gesellschaft für Erhaltung

historischer Kunstdenkmäler, N.F. V–VII), S. 9, Anm. 2. – U. CAMPELLI Raetiae Alpestris Topographica Descriptio, ed. C. J. Kind, Basel 1884 (Quellen zur Schweizer Geschichte, Band 7), S. 268.

[11] KAISER 1998, wie Anm. 1, hat S. 174–175 eine Karte veröffentlicht, die meines Erachtens die Neben- und Querverbindungen zu wenig gewichtet.

[12] Schon Thaler schreibt St. Johann die Funktion eines „*Xenodochiums*" zu. P. ALBUIN THALER, Geschichte des Bündnerischen Münstertales, St. Maurice 1931, S. 7. – Zuletzt SENNHAUSER 2002, wie Anm. 7, S. 374.

[13] OTTO P. CLAVADETSCHER, Verkehrsorganisation in Rätien zur Karolingerzeit, in: Zeitschrift für Geschichte 5, 1955, S. 1–299, hier S. 294, 296–298. Clavadetscher sieht S. 286 die Hauptaufgabe der Lehensträger auf Königsgut, auf einer *curtis dominica*, wie sie auch in Müstair bestanden hat, in der Sicherung der Strassen. – OTTO P. CLAVADETSCHER, Flurnamen als Zeugen ehemaligen Königsgutes in Rätien, in: Vorträge und Forschungen 10, 1965, 111–139, hier S. 130. – MÜLLER 1978, wie Anm. 5, S. 36.

[14] RAINER LOOSE, Siedlungsgenese des Oberen Vintschgaus. Schichten und Elemente des Theresianischen Siedlungsgefüges einer Südtiroler Passregion, Trier 1976 (Forschungen zur deutschen Landeskunde 208), hier S. 35–39.

[15] KAISER 1998, wie Anm. 1, S. 50–51. – MÜLLER 1976, wie Anm. 5, S. 273.

[16] CLAVADETSCHER 1965, wie Anm. 13, S. 130. – LOOSE 1976, wie Anm. 14, S. 147.

[17] KAISER 1998, wie Anm. 1, S. 53–54.

[18] BUB I 46 (Bündner Urkundenbuch 1, bearbeitet von E. MEYER-MARTHALER und FRANZ PERRET, Chur 1955).

[19] Karl III. (der Dicke) hat das Kloster zwischen 878 und 880 dem Erzkanzler Liutward übergeben und 881 in dessen Tauschgeschäft mit dem Bischof von Chur eingewilligt. Siehe KAISER 1998, wie Anm. 1, S. 114.

[20] HANS RUDOLF SENNHAUSER, Neue Überlegungen und Resultate zu Churer Kirchen: Kathedrale und St. Luzi, in: Frühe Kirchen im östlichen Alpengebiet. Von der Spätantike bis in ottonische Zeit, München 2003 (Bayerische Akademie der Wissenschaften, philosophisch-historische Klasse, Abhandlungen, Neue Folge, Heft 123 / Schriften der Kommission zur vergleichenden Archäologie römischer Alpen- und Donauländer), Band 1, S. 72–74, Band 2, S. 705, siehe auch Anm. 41.

[21] HANS RUDOLF COURVOISIER, HANS RUDOLF SENNHAUSER und PAUL GLEIRSCHER, Vorklösterliche Befunde, in: Müstair, Kloster St. Johann, Band 1, Zürich 1996 (Veröffentlichungen des Instituts für Denkmalpflege an der ETH Zürich, Band 16.1), S. 67 ff. – PAUL GLEIRSCHER, Zum frühen Siedlungsbild im oberen und mittleren Vinschgau mit Einschluss des Münstertales, in: Der Vinschgau und seine Nachbarräume, Vorträge des landeskundlichen Symposiums, Schloss Goldrain 1991, Bozen 1993, S. 35–50.

[22] Vinschgerisch Wässerwasserwaal (Bewässerungswasserkanal), „Waal" von romanisch *aual / aqual* = Wasserlauf, bilden ein fein verästeltes Grabensystem, durch welches das Wasser nach festgelegtem Rodel auf die Felder geleitet wird. Waale lassen sich archäologisch bis ins 6. Jahrhundert v. Chr. zurückverfolgen. Die alten Waale werden von den heutigen Beregnern verdrängt und erhalten sich fast nur noch als Touristenattraktion. HANSPAUL MENARA, Südtiroler Waalwege, 2. Aufl., Bozen 1988. – GERHARD FURRER und RALF FREUND, Bewässerung im Kanton Graubünden, SA aus: Geographica Helvetica, Nr. 4, 1974, S. 153–166.

[23] MÜLLER 1978, wie Anm. 5, S. 43.

[24] Zu den Dreiapsidensälen siehe neuerdings: HANS RUDOLF SENNHAUSER, Typen, Formen und Tendenzen im frühen Kirchenbau des östlichen Alpengebietes: Versuch einer Übersicht, in: Frühe Kirchen 2003, wie Anm. 20, S. 933–945, siehe auch in der gleichen Ausgabe S. 18–19.

[25] Ausgegraben sind die Fundamente der Westseite, im westlichen Drittel des Südannexes und im östlichen Fünftel des Nordannexes. HANS RUDOLF SENNHAUSER und JÜRG GOLL, Müstair, Ausgrabung und Bauuntersuchung im Kloster St. Johann, in: Jahresbericht des Archäologischen Dienstes Graubünden 2002, Chur 2003, S. 31–43, hier S. 36–37.
[26] JÜRG GOLL (mit Hans Rudolf Sennhauser), Müstair, Ausgrabung und Bauuntersuchung im Kloster St. Johann, in: Jahresbericht des Archäologischen Dienstes Graubünden 2000, Chur 2001, Abb. 51, S. 60.
[27] GOLL 2003, wie Anm. 25, S. 35–36.
[28] Der Schweizerische Nationalfonds zur Förderung der wissenschaftlichen Forschung finanziert zur Zeit die Katalogisierung der über 600 Fundobjekte. Die bislang umfangreichste Publikation: GÜNTHER HASELOFF, Die frühmittelalterlichen Chorschrankenfragmente in Müstair, in: Helvetia archaeologica 11, 1980, S. 21–29. – Aktuelle Bibliographie: SENNHAUSER 2002, wie Anm. 7, S. 380–381.
[29] JÜRG GOLL (mit Hans Rudolf Sennhauser), Müstair, Ausgrabung und Bauuntersuchung im Kloster St. Johann, in: Jahresbericht des Archäologischen Dienstes Graubünden 2001, Chur 2002, Abb. 12, S. 24.
[30] Zur Aussengestaltung siehe auch: OSKAR EMMENEGGER, Karolingische und romanische Wandmalerei in der Klosterkirche: Technik, Restaurierungsprobleme, Massnahmen, in: Die mittelalterlichen Wandmalereien im Kloster Müstair: Grundlagen zu Konservierung und Pflege, Zürich 2002 (Veröffentlichungen des Instituts für Denkmalpflege an der ETH Zürich, Band 22), S. 79–81. – ZEMP / DURRER 1906–10, wie Anm. 10, S. 24. – Soeben erschienen: HANS RUDOLF SENNHAUSER, Zur Aussengestaltung frühmittelalterlicher Sakralbauten im Schweizer Alpengebiet, in: Frühe Kirchen 2003, wie Anm. 20, Band 2, S. 906–907.
[31] Im Kirchenbau von S. Salvatore in Brescia sind die Bögen mit Backsteinen gebaut, aber überputzt und mit einem grosszügigeren, stärker auf Fernwirkung bedachten Steinwechsel in Rot und Weiss bemalt. Lit.: GAETANO PANAZZA, Gli scavi, l'architettura e gli affreschi della chiesa di S. Salvatore in Brescia, in: La chiesa di San Salvatore in Brescia, Atti dell'ottavo Congresso di studi sull'arte dell'alto Medioevo, Milano 1962, Band 2. – SENNHAUSER 2003, wie Anm. 30, Abb. 23, S. 913.
[32] Vergleiche dort den Wechsel zwischen Haustein und Backstein in den Arkadenbögen des Atriums vor der Aachener Pfalzkapelle.
[33] AART J. J. MEKKING, Die ottonische Tradition in der Architektur des ehemaligen Herzogtums Lothringen im 11. Jahrhundert, in: Publications de la section historique de l'Institut G.-D. de Luxembourg CX, Luxembourg 1994, S. 63–80.
[34] HANS RUDOLF SENNHAUSER, St. Gallen, Klosterplan und Gozbertbau. Zur Rekonstruktion des Gozbertbaues und zur Symbolik des Klosterplanes, Zürich 2003 (Veröffentlichungen des Instituts für Denkmalpflege an der ETH Zürich, Band 23), insbesondere S. 11.
[35] Klosterarchiv Müstair, Signatur I/11: Neuweihe 1512 „*S. Martini … secus sinistram partem monasterii*".
[36] GEORGES DESCOEUDRES und AUGUSTIN CARIGIET, Archäologische Untersuchungen an der Kirche St. Martin in Chur, in: ZAK, Zeitschrift für Schweizerische Archäologie und Kunstgeschichte, Band 47, Heft 4, 1990, S. 261–284. – Auf diese Werkstattähnlichkeit hat erstmals Hans Rudolf Courvoisier mündlich hingewiesen.
[37] HANS RUDOLF SENNHAUSER, Frühchristliche und frühmittelalterliche kirchliche Bauten in der Diözese Chur und in den nördlich und südlich angrenzenden Landschaften, in: Frühe Kirchen 2003, wie Anm. 20, S. 8–42, hier S. 20.
[38] HANS RUDOLF SENNHAUSER, Funktionale Bestimmung von Trakten und Räumen der karolingischen Klosteranlage von Müstair, in: Wohn- und Wirtschaftsbauten frühmittelalterlicher Klöster, Internationales Symposium 1995 in Zurzach und Müstair im Zusammenhang mit den

Untersuchungen im Kloster St. Johann zu Müstair, Zürich 1996 (Veröffentlichungen des Instituts für Denkmalpflege an der ETH Zürich, Band 17), S. 283–300.

[39] Wird neuerdings auch von SENNHAUSER in Betracht gezogen, in: Frühe Kirchen 2003, wie Anm. 20, S. 26.

[40] ZEMP / DURRER 1906–10, wie Anm. 10, S. 50 f, 62, 74 f. – ERWIN POESCHEL, Die Kunstdenkmäler des Kantons Graubünden, Band V, Die Täler am Vorderrhein. II. Teil: Schams, Rheinwald, Avers, Münstertal, Bergell, Basel 1943, S. 340–344.

[41] JÜRG GOLL, Bau und Gestalt der Heiligkreuzkapelle, in: Die mittelalterlichen Wandmalereien im Kloster Müstair. Grundlagen zur Konservierung und Pflege, Akten der Tagung in Müstair von 1998, Zürich 2002 (Veröffentlichungen des Instituts für Denkmalpflege an der ETH Zürich, Band 22), S. 169–173.

[42] Diverse Beispiele in: Frühe Kirchen 2003, wie Anm. 20, siehe auch die Verbreitungskarte für den ostschweizerischen Raum, S. 12.

[43] HANS RUDOLF SENNHAUSER und JÜRG GOLL 2002, wie Anm. 29, S. 20.

[44] SENNHAUSER 1996, wie Anm. 38, S. 287–292.

[45] JÜRG GOLL, Frühmittelalterliche Gläser aus Müstair und Sion, in: Il colore nel Medioevo. arte – simbolo – tecnica. La vetrata in Occidente dal IV all'XI secolo, hrsg. von Francesca Dell'Aqua und Romano Silva, Corpus Vitrearum Medii Aevi Italia, Atti delle giornate di studi Lucca 1999, Lucca 2001, S. 87–98.

[46] KAISER 1998, wie Anm. 1, S. 114.

[47] KAISER 1998, wie Anm. 1, S. 118–121, vor allem S. 127.

[48] BUB I 113 = MGH D O I. 175 von 955 mit der Bemerkung, *quia loca ad eandem aecclesiam* (d.h. von Chur) *pertinentia ab Italia redeundo invasione Sarazenorum destructa ipsi experimento didicimus*. Zitiert nach KAISER 1998, wie Anm. 1, S. 120, Anm. 369.

[4949] Vermutlich auf den Plantaturm zu beziehen sind folgende vorläufig nicht nachvollziehbaren Hinweise: THALER 1931, wie Anm. 12, S. 23: „*Der Turm im Kloster St. Johann in Münster, den im 12. Jahrhundert die Reichenberger zu Lehn hatte.*" Die Datierung ins 12. Jahrhunderts ist in Zweifel zu ziehen. Ausserdem kann das Zitat mit den Seitenzahlen 123 und 124 nach Eichhorn so nicht richtig sein, und entsprechende Quellenzitate waren weder im Bündner Urkundenbuch noch im Klosterarchiv aufzufinden: P. AMBROSIUS EICHHORN, Episcopatus Curiensis in Rhaetia sub Metropoli Moguntina chronologice ac diplomatice, St. Blasien 1797. – THALER 1931, S. 54, ohne Quellenangabe: „*... hatte Bischof Heinrich 1252 den Herren von Reichenberg einträgliche Lehen, darunter das Vizedominat (Rentmeisteramt) und den Turm im Kloster Münster verliehen.*"

[50] HANS RUDOLF SENNHAUSER und JÜRG GOLL, Müstair, Ausgrabung und Bauuntersuchung im Kloster St. Johann, in: Jahresbericht des Archäologischen Dienstes Graubünden 1999, Chur 2000, S. 10–13. – DIESELBEN 2002, wie Anm. 29, S. 20–22.

[51] HILDE CLAUSSEN, Odysseus und Herkules in der karolingischen Kunst, in: Iconologia Sacra. Mythos, Bildkunst und Dichtung in der Religions- und Sozialgeschichte Alteuropas. Festschrift für Karl Hauck zum 75. Geburtstag, hrsg. von Hagen Keller und Nikolaus Staubach, Berlin / New York 1994, S. 341–402, hier S. 377 f. und Abb. 100–101.

[52] MARINA BERNASCONI REUSSER, Le iscrizioni dei cantoni Ticino e Grigioni fino al 1300, Corpus Inscriptionum Medii Aevi Helvetiae. Die frühchristlichen und mittelalterlichen Inschriften der Schweiz, Band V, Freiburg 1997, Kat.-Nr. 23, S. 80–81, Tf. 17, Fig. 78–82.

[53] RAINER LOOSE, Das Hochstift Augsburg am Oberen Weg, in: Der Schlern 9, 2000, S. 578–584.

[54] Gründung als Männerkloster; der Zeitpunkt des Übergangs zu einem Frauenkloster ist unklar; in der ersten Hälfte des 12. Jahrhunderts werden noch Mönche verzeichnet, 1163 erstmals Frauen erwähnt. – Lit: SENNHAUSER 2002, wie Anm. 7, S. 375.

[55] LEO ANDERGASSEN, Churburg, Geschichte, Gestalt und Kunst, München / Zürich 1991, S. 4.

[56] MERCEDES BLAAS et al., Die Fürstenburg, Bozen 2002 (Veröffentlichungen des Südtiroler Kulturinstitutes, Band 1), S. 14 f.
[57] Die Datierung ist umstritten; vorgeschlagen wird das 9. bis 12. Jahrhundert. Ausführlich bei: ROLAND BÖHMER, Die Stuckfigur Karls des Grossen in Müstair, in: Kunst + Architektur in der Schweiz 4, 1997, S. 62–65.
[58] P. ALBUIN THALER, Karl der Grosse und seine Stiftungen in Graubünden, SA aus: Studien und Mitteilungen zur Geschichte des Benediktinerordens und seiner Zweige, N.F. Jg. 4, Heft 1, 1914, S. 5. – Der Brauch ist heute im Kloster nicht mehr bekannt, und auch vom Verbleib der Kette wissen die Schwestern nichts.
[59] Klosterarchiv XVIII/3, Urbar unter der Äbtissin Lucia I. (1360–1398), geschrieben von Jacob von Schluderns.
[60] Verzeichnet bei P. IGNAZ STAUB O.S.B., Anfang 20. Jahrhundert, Klosterarchiv XX / 48. – ALBERT BRUCKNER, Scriptoria Medii Aevi Helvetica 1, Genf 1935, S. 77 ff. – MÜLLER 1978, wie Anm. 5, S. 100. – SENNHAUSER 1999, wie Anm. 8, S. 131.
[61] MÜLLER 1978, wie Anm. 5, S. 100, nach der Urkunde I/10 im Klosterarchiv von 1404, Nov. 12.
[62] Inv.-Nr. 313, 71 cm hoch, um 1630 aus der Werkstatt von Johannes Patsch in Nauders.
[63] Inv.-Nr. 637: Am Fuss in Medaillon Wappen Travers mit Umschrift: „*D. Maria Joanna Traversin Priorissa in Minster f. fecit cum licentia superiorum*“ sowie Reliefs von Antonius von Padua, Maria Magdalena und Katharina. Auf dem Strahlenkranz oben Christuskind zwischen Maria und Josef, unten Agnus Dei zwischen zwei Engeln, seitlich Johannes Bapt., Dominikus, Karl d. Gr. und Scholastica. Lit.: POESCHEL 1943, wie Anm. 40, S. 334, Abb. 348.
[64] Inv.-Nr. 539: Emailmedaillons am Fuss, Karl der Grosse, Scholastika, Franziska von Rom und Agnes darstellend. Um das Fenster Reliefs von Maria, Johannes Ev., Johannes Bapt., Benedikt, Franziskus, Antonius von Padua und Klara. Lit.: POESCHEL 1943, wie Anm. 40, S. 332f. – MÜLLER 1978, wie Anm. 5, S. 161f.
[65] Inv.-Nr. 283: Erscheinung der Madonna mit Kind zwischen Meinrad mit Lilie und Karl dem Grossen mit Zepter und Kirchenmodell. Links oben Dreifaltigkeit auf Wolken schwebend. Im Vordergrund vor Landschaft die Raben des Hl. Meinrad.
[66] 1862, Feb. 14., Einsiedeln, im Klosterarchiv XIX / 34.
[67] THALER 1914, wie Anm. 58, S. 6.
[68] MÜLLER 1976, wie Anm. 5, S. 274.
[69] ANTON ROSCHMANN, Pustertaler, Etschtaler und Sterzinger Reisen 1733–40, in: Dipauliana 1167, 33 verso. – Wiedergegeben bei: ERICH EGG, Eine Kunstreise durch Tirol vor 200 Jahren, in: Tiroler Heimatblätter, 32. Jg, Heft 7/9, 1957, S. 91.
[70] ZEMP / DURRER 1906–10, wie Anm. 10, S. 25.
[71] Wörtlich nach SENNHAUSER 2002, wie Anm. 7, S. 374.

Hans Rutishauser

Das Benediktinerkloster St. Johann in Müstair als Zeuge karolingischer Kulturpolitik

Seit 110 Jahren sind Kunsthistoriker und Archäologen im Kloster Müstair an der Arbeit, um die komplexe Kunst- und Baugeschichte dieser frühen Klosteranlage im Alpenraum zu erforschen.

1. Die Entdeckung mittelalterlicher Wandmalerei

Die eigentliche Entdeckung des frühmittelalterlichen Klosters Müstair begann mit den Untersuchungen der Schüler Johann Rudolf Rahns (1841–1912), nämlich Josef Zemp (1869–1942) und Robert Durrer (1867–1934) im Jahr 1894. Damals entdeckten die beiden in Zürich ausgebildeten Kunsthistoriker über dem spätgotischen Schiffsgewölbe der Klosterkirche an allen vier Wänden Wandmalereien. An der West, Nord- und Südwand die Davidsgeschichte, an der Ostwand über den Apsiden, die Himmelfahrt Christi, Johannes der Täufer und Johannes der Evangelist, die Opferszenen von Kain und Abel und den Sündenfall sowie die Vertreibung aus dem Paradies. Diese schwer zugänglichen Malereien im Dunkel des Dachraumes wurden noch im Jahre der Entdeckung von Robert Durrer im Maßstab 1:4 mit Aquarellfarben kopiert.

Zemp und Durrer erkannten zwar bereits bei der Entdeckung 1894 zwei Malschichten, erst in ihrer Monographie über Müstair[1] weisen sie die ältere der karolingischen, die jüngere der romanischen Epoche zu.

Von den karolingischen und romanischen Wandmalereien im Dachraum, über den spätgotischen Gewölben, wurden die besser erhaltenen in den Sommermonaten der Jahre 1908 und 1909 von Karl Schmidt-Frey, Stuckateur, als Mitarbeiter der Kirchmalerei-Firma Christian Schmidt in Zürich, abgelöst und ins Schweizerische Landesmuseum nach Zürich gebracht, wo Josef Zemp bereits seit 1904 als Vizedirektor amtete. Zemp und Durrer rechtfertigten die Ablösung der Wandbilder und deren Translokation ins Landesmuseum nach Zürich mit folgenden Worten: „So sehr man sonst die Erhaltung eines Kunstwerkes am Ort seiner Entstehung wünschen muss, so lagen hier (in Müstair) besondere Verhältnisse vor: die Unzugänglichkeit und Dunkelheit des Dachraumes, die Gefährdung bei künftigen Reparaturen des Kirchendaches, die ungehemmte Einwirkung des Wechsels von Temperatur und Feuchtigkeit. Jetzt erst sind wir in der Lage die künstlerische Wirkung und die technische Besonderheit dieser Malereien genauer zu beurteilen“[2].

Bereits damals waren auch in der Nordapsis Reste karolingischer Malerei zu erkennen, nämlich eine Fensterdekoration und ein Fragment einer karolingischen Darstellung eines Daches. Karl Schmidt legt in allen drei Apsisrundungen in Suchschnitten unter den vermauerten karolingischen Fenstern Szenen der jüngeren romanischen Wandmalerei frei: In der Nordapsis die Bilder Nr. 107 (Paulus und Petrus im Gebet) und Nr. 110 (Martyrium Petri und Pauli); in der Mittelapsis Bild Nr. 99 (das Gastmahl des Herodes und darunter eine Sockeldraperie); in der Südapsis die Bilder Nr. 119 (Steinigung des Stephanus) und Nr. 120 (Stephanus wird zu Grabe getragen)[3].

Auf Grund all dieser Malereifragmente, vor allem aber dank der genauen Beobachtung des Bildsystems an den Schiffswänden in Dachraum extrapolierten Zemp und Durrer das damals noch verborgene karolingische Bildsystem an den Längswänden grundsätzlich richtig, als eine Abfolge von fünf übereinander liegenden Bildregistern mit je acht Szenen in einem Bildstreifen, was an der Nordwand rund 40 Szenen entsprach, so dass Durrer insgesamt gegen hundert Wandbilder in der ganzen Kirche vermutete.

2. Die Freilegung der Malereien an den Innenwänden der Klosterkirche

In den Jahren 1947 bis 1951 wurde die Klosterkirche Müstair unter dem Architekten Walther Sulser (1890–1983) und dem Präsidenten der Eidgenössischen Kommission für Denkmalpflege, Linus Birchler (1893–1967) einer umfassenden Restaurierung unterzogen. Die Wandbilder, von denen man durch die Forschungen und Schürfungen von Zemp und Durrer Kenntnis hatte, legte Restaurator Franz Xaver Sauter (1893–1979) unter Mithilfe der Benediktiner-Klosterfrauen frei und konservierte und restaurierte die karolingischen und romanischen Bildfolgen. Linus Birchler stellte den Wandbildfund und die karolingische Klosterkirche 1951 an der internationalen Tagung für Frühmittelalter-Forschung vor und publizierte seinen Aufsatz in den 1954 herausgegebenen Akten[4].

1959 verfasste Marèse Sennhauser-Girard ihre Dissertation in Basel mit dem Titel: Die Ikonographie der karolingischen Fresken von Müstair in Graubünden.

3. Das karolingische Bildprogramm in der Klosterkirche Müstair

Die karolingische Saalkirche mit drei Apsiden an der Ostwand misst 12,7 m in der Breite und 19,5 m in der Länge ohne Absiden. 1488–1492 wurde diese Saalkirche zur dreischiffigen spätgotisch gewölbten Hallenkirche umgebaut mit vier Jochen und im Westjoch eingebauter, gemauerter Nonnenempore. Die Gewölbeanschlüsse an den vier Wänden des Schiffes schneiden in den obersten Bildstreifen ein. Über den Gewölben sind die Untermalungen der abgelösten, teilweise getrennten karolingischen Bildschichten noch ablesbar. Die halbrunden spätgotischen Wanddienste verdecken zwar ebenfalls Teile der Bildfelder, sie schneiden jedoch vor allem deren Randzonen an, da ihre regelmäßige Platzierung die karolingische Vertikalteilung zufällig übernimmt.

An der linksseitigen Kirchennordwand ist die Bildabfolge von links nach rechts und von oben nach unten besonders gut zu erkennen *(Abb. 8)*. Die querrechteckigen Einzelszenen sind zu einem achtteiligen Bildstreifen-Register aufgereiht. Fünf dieser Register folgen sich über einer Sockelzone übereinander. Beide Längswände waren also ursprünglich in dieser Weise mit einem kompletten Bildfeldraster bedeckt. Ausnahmen bilden die je zwei hochsitzenden karolingischen Rundbogenfenster, welche in den beiden oberen Bildregistern eingefügt sind, sowie die beiden großen Rundbogen-Öffnungen, welche in den beiden unteren Bildregistern eine Bildfläche halb und eine zur Gänze belegen.

Die Trennung und Rahmung der Einzelbilder wird durch einen gemalten gelben Stab auf rotem Grund gebildet, der mit kleinen weißen und schwarzen dreilappigen Blättern belegt ist und den ein weiß-schwarzes Band umschlingt. Die Kreuzungspunkte dieses Rahmenwerkes sind mit gelben Rundmasken belegt. In den oberen Ecken des Rahmens (heute über dem Gewölbe von 1492) sind diese Rundmasken durch trichterförmige Hülsen verstärkt. Plastisch wirkende Blütenstäbe, nietenartige Rundmasken an den Rahmenkreuzungen und metallartige Hülsen als obere Rahmenbekrönung deuten alle auf die malerische Imitation von Metall-, in unserem Falle von reichen Goldschmiedearbeiten, wie sie sich im Altarvorsatz des Wovinus in Sant'Ambrogio in Mailand aus der ersten Hälfte des 9. Jahrhunderts erhalten haben. Zweifellos sollte dieses aufwändig gemalte, durch Licht und Schatten plastisch wirkende Rahmenwerk der Wandmalerei in Müstair an solch kostbare Goldschmiedearbeit erinnern. Der mittelalterliche Betrachter sah sich gleichsam umgeben von den metallen leuchtenden Innenwänden eines kostbaren geschmiedeten Schreins. Denkt man sich zudem als Decke eine Holzflachdecke mit bunten Bildern (wie sie uns erst als romanische Bilderdecke von Zillis, Graubünden, um 1113 überliefert ist); sowie einen mit Ziegelmehl rot eingefärbten Mörtelboden im Schiff und weiße Laaser Marmorstufen und Marmorplatten im östlichen Chorbereich, außerdem reich profilierte marmorne Schranken und nicht zuletzt die Buntverglasung der zehn Rundbogenfenster, so strahlte dieser Raum in imperialer Pracht, ja gleichsam in überirdischer Herrlichkeit.

Wie bei Jürg Goll nachzulesen ist, wurde Bauholz für den Kirchendachstuhl im Jahr 775 geschlagen. Die aus Bruchstein-Mauerwerk gefügte Kirche wurde innen und außen verputzt. Im feuchten Zustand wurde dieser Verputz mit einer Kalkschlämme bedeckt. Die kaum nachweisbare Verschmutzung dieser Kalkschlämme, die später den karolingischen Freskomalern als Grundputz (Arriccio) diente, lässt vermuten, dass die Wandmalerei nur wenige Jahre später entstand.

Die Forschung setzt heute die Entstehung der Innenausmalung in den Zeitraum zwischen 785 und 810. Dieser Zeitraum entspricht der Amtszeit des Bischofs Remedius von Chur (reg. etwa von 790–820), dessen Herkunft unbekannt ist. Er pflegte einen Briefwechsel mit Alkuin, dem Hoftheologen Karls des Großen. Es ist daher denkbar, dass Remedius seine Ausbildung an der Hofkapelle Karls des Großen in Aachen erfahren hatte. Nicht belegt, aber denkbar wäre auch, dass Remedius von König Karl dem Großen selbst als Leiter des jungen Alpenklosters in Müstair eingesetzt worden wäre, um so direkt der karolingischen Kulturpolitik im neu eroberten rätisch-bairischen-langobardischen Grenzland zum Durchbruch zu verhelfen.

Das theologische Bildprogramm in der Klosterkirche ist jedenfalls so souverän und ausgewogen gestaltet, dass dafür nur erfahrene und mit ähnlichen Bauzierden vertraute Theologen als Programm-Entwerfer denkbar sind. Wo sonst, wenn nicht am Hof in Aachen wären sie zu finden gewesen?

Das Programm der Wandmalerei stellt Christus den Erlöser und Weltenrichter ins Zentrum der Darstellung. In seiner Nachfolge sind es die Apostel und die Heiligen, welche den Führungsanspruch der römisch-katholischen Kirche sichern. Im Zentrum der optischen Raumflucht in der Kalotte der Mittelapsis erscheint Christus-Logos in der Doppel-Mandorla umgeben von den Evangelisten-Symbolen und begleitet von Engelscharen. Darunter folgen 13 Szenen aus dem Leben Johannes des Täufers, der als Präfiguration auf Christus hinweist.

An den Seitenwänden ist in rund 50 Bildfeldern das Leben Jesu geschildert von der Verkündigung bis zur Auferstehung. Die oberste Bildreihe unter der Flachdecke zeigt in 20 Bildern den Ahnherrn Jesu, König David *(Abb. 7)*. Die unterste Reihe über der Sockelmalerei zeigte wohl in 12 Bildern Szenen aus dem Leben der Apostel, der Nachfolger Christi.

Die Stirnwand gegen Sonnenaufgang im Osten über den triumphbogenartig gewölbten Apsiden zeigt die Himmelfahrt Christi zwischen Maria und Johannes, sowie Aposteln und Engeln.

Die gegenüberliegende Westwand der Abendseite ist vollständig bemalt mit einem monumentalen Weltgerichtsbild, dem frühesten erhaltenen in der Kunst des Abendlandes. Christus erscheint zum Gericht und thront als Weltenrichter umgeben von Engelsscharen und assistiert von disputierenden Aposteln.

Die beiden Seitenapsiden schließlich weisen die Nachfolge Christi. In der Nordapsis werden den Apostelfürsten Petrus und Paulus von Christus die Schlüssel und das Gesetz gereicht *(Abb. 6)*. Darunter Leben und Martyrium Petri und Pauli.

In der Südapsis ist in der Kalotte das sieghafte Kreuz als kostbares perlenbesetztes Kreuz mit Bildnis-Büsten belegt. Im Zentrum ist das Bild Christi dargestellt, umgeben von den apokalyptischen Wesen. Darunter Szenen aus dem Leben und Sterben des ersten Märtyrers, des heiligen Stephanus, und vielleicht auch des Lokalheiligen Vigilius von Trient[5].

Der Meister dieser karolingischen Wandmalerei und seine Gesellen waren erfahrene Freskokünstler, die nach der Eroberung des Langobardenreiches durch Karl im Jahr 774, wohl aus dem oberitalienischen Raum, zuzogen. Es darf zudem vermutet werden, dass die Mitglieder dieser Werkstatt römisch-antikes Formengut, aber auch die spätantike Maltechnik immer noch beherrschten. Gleicher Herkunft könnten auch jene Hofkünstler der „Palastschule" gewesen sein, welche in Aachen die frühen Handschriften und Elfenbeine zierten.

So darf man wohl die monumentale Wandmalerei Müstair im Wert und der Bedeutung der karolingischen Buchmalerei zur Seite stellen, vergleichbar dem karolingischen Klosterplan von St. Gallen, dessen Inhalt in der Bau- und Bodenforschung in Müstair in vielen Aspekten Entsprechungen gefunden hat.

4. Die Stuckfigur Karls des Großen

Sichtbares Zeichen mittelalterlicher Karlstradition in Müstair ist neben der archäologisch und bauhistorisch erforschten und gedeuteten Architektur[6] und neben der karolingischen Wandmalerei in der Klosterkirche die dort aufgestellte lebensgroße Statue Karls des Großen *(Abb. 1)*. Die 1,87 m hohe Figur steht in einer Nische des spätgotischen Wandpfeilers zwischen der Mittel- und Südapsis. Der schnauzbärtige Karl steht in der baldachin-bekrönten Nische und blickt frontal und ernst auf den Kirchenbesucher. Er trägt eine knielange in Röhrenfalten gelegte Tunika mit einem zackenband-gezierten Gürtel auf Hüfthöhe, die langen Ärmel sind an den Handgelenken und am rechten Oberarm mit reichen Armillae (Armspangen als königliche Herrschaftszeichen) geziert. Darüber trägt Karl die Chlamys, den offenen Reitermantel mit perlengesäumter Zierborte, den eine mächtige Scheibenfibel auf der rechten Schulter zusammenhält. In der erneuerten Rechten trägt der Kaiser den Reichsapfel, in der ebenfalls neuen Linken hält er das Szepter. Das Haupt trägt eine plastisch geschnittene Reifkrone mit drei Rundbogenplatten belegt und mit Lilien-Pendilien (Anhängern) über den Ohren *(Abb. 14)*. Die (spätgotisch) erneuerten Füße stecken in wadenlangen weichen Lederstiefeln mit schmaler Krempe.

Die heutige Aufstellung der Statue ist am spätgotischen Fialenbaldachin aus Rauwacke und Stuck datiert und bezeichnet „Karolus Magnus 1488". Bereits Josef Zemp hat hervorgehoben, dass die Statue nur in der oberen Hälfte noch aus Stuck besteht. Die Tunika unter dem linken Arm, die Beine und Füße sind um 1488 als

Flickstück in Rauwacke ergänzt worden. Wenn die Figur oben hieratisch und feierlich beginnt, endet sie unten fast marionettenhaft karikiert!

Wohl bei der Neuausmalung der Klosterkirche im Jahr 1878 durch Heinrich Kluibenschedl hat dieser Kirchenmaler auch die Karlsstatue neu bemalt. Josef Zemp hat diese Neufassung scharf kritisiert[7]. Zemp wusste nicht, dass unter der Kluibenschedlschen Neubemalung eine ganze Schichtfolge verschiedenster Buntfassungen verborgen lag, dass also die Figur wohl schon im Mittelalter bemalt war.

Erneuert wurde 1878 auch die wohl spätgotische Inschrift an der Nischenrundung rechts neben dem Kopf Karls: „divvs /carolvs / magnvs / hvivs mo / nasteri / fvndator / a.801."

Bei der Renovierung durch Restaurator Franz Xaver Sauter (in der Innenhand FXS signiert) im Jahr 1951 wurde die Farbfassung zum Teil entfernt, zum Teil im gelblich-grauen Steinton übermalt. Die prankenartig missgestalteten Hände samt den zu kleinen Attributen durch neue ersetzt, wobei Sauter die Karlsfigur zum Linkshänder machte, denn er tauschte das Szepter gegen den Reichsapfel in der rechten Hand.

Schon Josef Zemp nahm an, dass die Stuckfigur schon vor der spätgotischen Umgestaltung an der Stirnwand zwischen Mittel- und Südapsis gestanden habe, als Entsprechung vermutet er zwischen Mittel- und Nordapsis eine (nicht erhaltene) Stuckfigur des Klosterpatrons Johannes Baptist. Er beruft sich dabei auf die gotische Buchmalerei im Klosterurbar von 1394, die im selben Bild links St. Johannes, den Klosterpatron, und rechts Karl den Großen mit Kirchenmodell als Klostergründer darstellt. Diese Buchmalerei erinnert an die karolingischen Stifter-Wandbilder in der Kirche St. Benedikt in Mals, die um das Jahr 800 dem Kloster gehörte und wo als Wandmalerei beidseits der Mittelapsidiole zur Linken der weltliche Stifter oder Patronatsherr mit karolingischer Tracht und Spatha erscheint, zur Rechten der geistliche Stifter mit Tonsur, ein Kirchenmodell in den Händen. Beide gemalten Figuren sind durch rechteckige Nimben in griechischer Manier als Lebende gekennzeichnet.

Sollte die ungelenke Handhaltung der Karlsfigur in Müstair ursprünglich ebenfalls ein Kirchenmodell getragen haben, vergleichbar jenem beim geistlichen Stifter in Mals oder im Klosterurbar von 1394?

Nicht nur dies ist bis heute rätselhaft geblieben. Der Schnurrbart der Stuckfigur stimmt zwar mit jenem auf Münzen aus Karls des Großen Zeit überein, nicht aber der Backen- und Kinnbart, der aber offensichtlich zur originalen Stuckfigur gehört. Die Datierung der Figur schwankt in der Forschung von 801 bis 1165. Josef Zemp nahm an, die Stuckfigur stamme aus der Zeit Kaiser Friedrich Barbarossas, der seinen Urahn Karl durch den Gegenpapst heilig sprechen ließ. Christian Beutler postulierte 1964 eine karolingische Entstehungszeit in dem er auch die spätgotische Inschrift als Kopie eines karolingischen Originals deutete[8]. Viktor Elbern lehnte die Datierung in karolingische Zeit aus kostümkundlichen Gründen vehement ab und datierte die Stuckfigur ins 12. Jahrhundert[9].

Immerhin wissen wir ohne eine aufwändige und wohl auch eingreifende Untersuchung auch heute noch nicht, wie die Stuckfigur in Müstair aufgebaut ist und ob sie nicht doch noch ältere vorromanische Fragmente birgt.

Seit den Funden von Hilde Claussen in der Abteikirche von Corvey, wo nicht nur Stuckbrocken karolingischer Großfiguren, sondern auch die zugehörigen Sinopien und Holzdübel an den Wänden nachgewiesen wurden, ist schlagartig deutlich geworden, dass es die von Christian Beutler postulierte karolingische Großplastik nicht nur im Tempietto Langobardo in Civiale, sondern auch im Rheinland gegeben hat[10].

Die Stuckstatue Karls des Großen in Müstair ist jedenfalls – trotz Schäden, Ergänzungen und Übermalungen – ein einzigartiges Kulturdenkmal, das in der imperialen Klosterkirche von Müstair das Nachleben des wahrscheinlichen Klostergründers den Menschen des Mittelalters und auch uns heutigen augenfällig präsentiert.

Zum Autor:

Dr. Hans Rutishauser
Geboren 1943 in Zürich. Studium der Geschichte und Kunstgeschichte an der Universität Zürich. 1976 Dissertation über die Baugeschichte der Prämonstratenser-Klosterkirche von Churwalden, Graubünden. 1976-1977 Wissenschaftlicher Mitarbeiter der kantonalen Denkmalpflege im Kanton Solothurn. Seit 1978 Leiter der Kantonalen Denkmalpflege Graubünden.

Anmerkungen:

[1] JOSEF ZEMP und ROBERT DURRER, Das Kloster St. Johann zu Müstair in Graubünden, Genf 1906–1910 (Kunstdenkmäler der Schweiz, Mitteilungen der Schweizer Gesellschaft für Erhaltung historischer Kunstdenkmäler, N.F. V-VII).
[2] ZEMP/DURRER, S. 107.
[3] ZEMP/DURRER, S. 26.
[4] LINUS BIRCHLER et al., Frühmittelalterliche Kunst in den Alpenländern, Akten zum III. internationalen Kongress für Frühmittelalterforschung, Olten 1954, zur Karolingischen Architektur und Malerei in Münster-Müstair, S. 167–252.
[5] Deutung von MARÈSE SENNHAUSER-GIRARD in: Das Benediktinerinnenkloster St. Johann Müstair, Hans Rutishauser, Hans Rudolf Sennhauser, Marèse Sennhauser-Girard, Bern 2003, S. 36.
[6] vgl. Aufsatz JÜRG GOLL in diesem Band.
[7] ZEMP/DURRER, wie Anm. 1, S. 54: „Der Anblick ist nicht gewinnend: der Leib verwachsen, die linke Hüfte hässlich ausgerenkt, die Hände abscheulich verstümmelt, die Attribute, ein kleiner Reichsapfel und ein Szepterchen, erweisen sich als lächerliche Ergänzungen aus neuester Zeit. Dazu ein hässlicher Anstrich, der das Standbild in dicken Krusten bedeckt und das Gesicht in eine glotzende Maske verwandelt.".
[8] CHRISTIAN BEUTLER, Bildwerke zwischen Antike und Mittelalter, Unbekannte Skulpturen aus der Zeit Karls des Großen, Düsseldorf 1964.
[9] VIKTOR ELBERN, Rezension über Christian Beutler in: Zeitschrift für Kunstgeschichte, Bd. 28, Heft 3, 1965, S. 261–269.
[10] HILDE CLAUSSEN, Vorzeichnungen und Fragmente karolingischer Stuckfiguren, Neue Funde im Corveyer Westwerk in: Matthias Exner (Hg.), Stuck des frühen und hohen Mittelalters, München, 1996, S. 61–71.

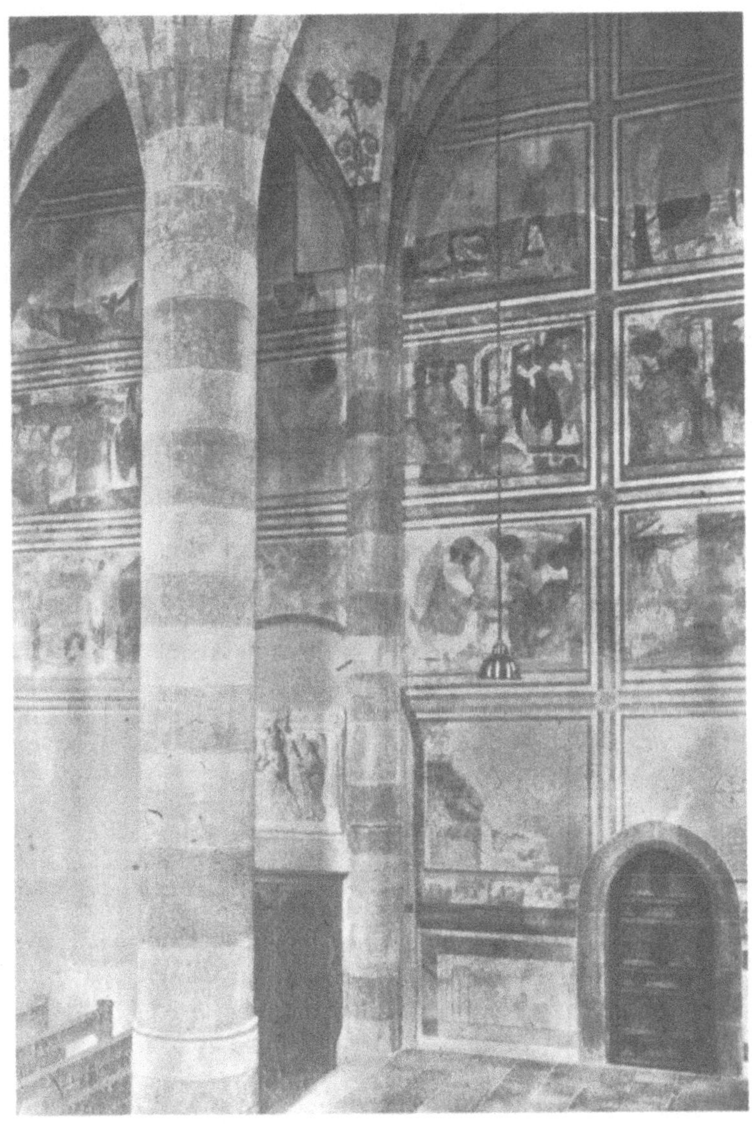

Abb. 8

Klosterkirche St. Johann in Müstair, Innenraum gegen Nordwesten

Karolingische Wandbilder an der Nordwand mit Rahmeneinfassung, davor Rundstützen und Gewölbe von 1492.

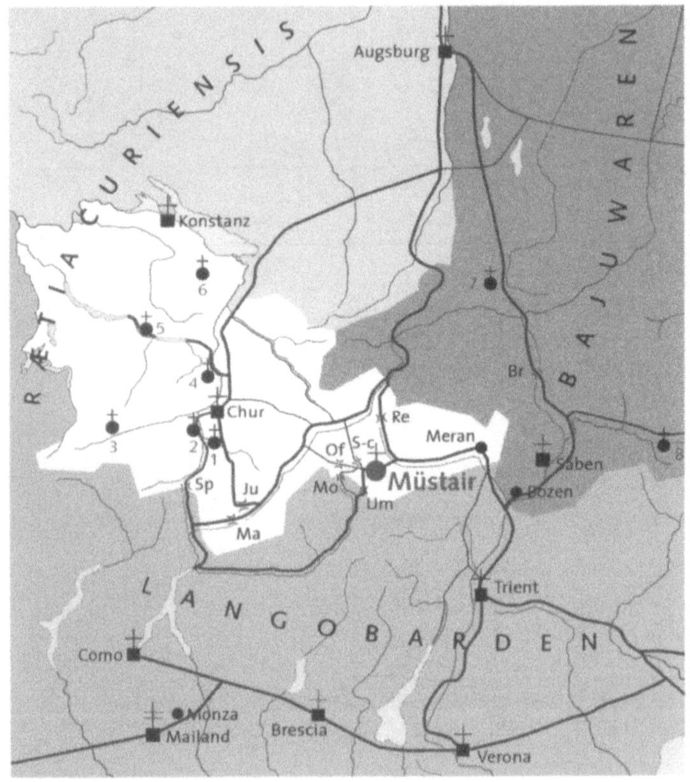

Abb. 9

Bistumsgebiet von Chur

und sein politisches Umfeld im frühen Mittelalter, historisches Straßennetz. Die mit Nummern bezeichneten Klöster auf Schweizer und tirolischem Boden:

1 Mistail, 2 Cazis, 3 Disentis, 4 Pfäfers, 5 Schänis, 6 St. Gallen (Bistum Konstanz), 7 Scharnitz, 8 Innichen. Pässe: Br = Brenner, Ju = Julier, Ma = Maloja, Mo = Val Mora (P.so di Fraéle), Of = Ofenpass, Re = Reschen, S-c = S-charl (Ps. Da Costainas), Sp = Splügen, Um = Umbrail.

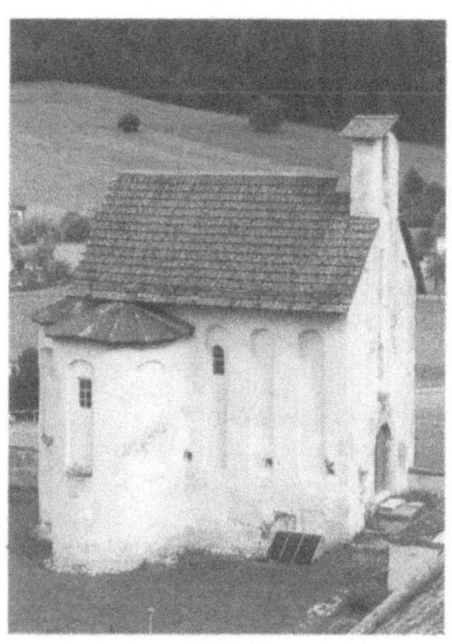

Abb. 10
Heiligkreuzkapelle
Doppelgeschossige Kapelle
Ende 8. Jh.
Müstair, Kloster St. Johann

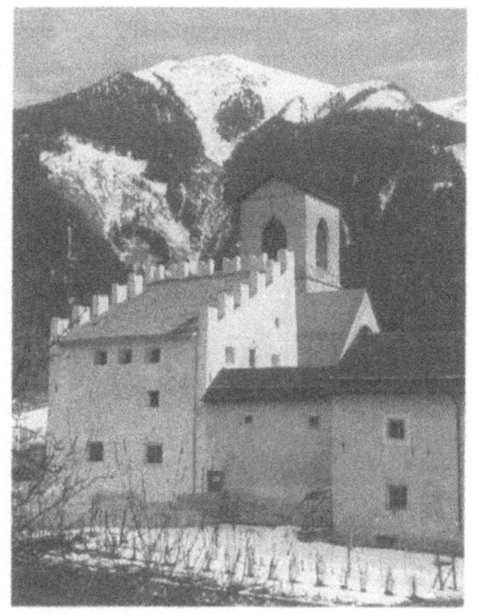

Abb.11
Plantaturm
Nach der Restaurierung von 1999 gegen Südosten. Erbaut um 960, Zinnenkranz und Verputz von 1664.
Müstair, Kloster St. Johann

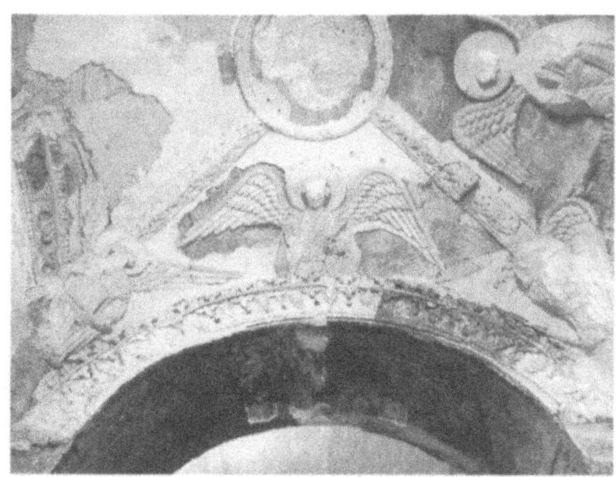

Abb. 12
Stuck- und Freskenausstattung in der Chorkuppel der Ulrichskapelle
2. Hälfte 11. Jh.
Müstair, Kloster St. Johann

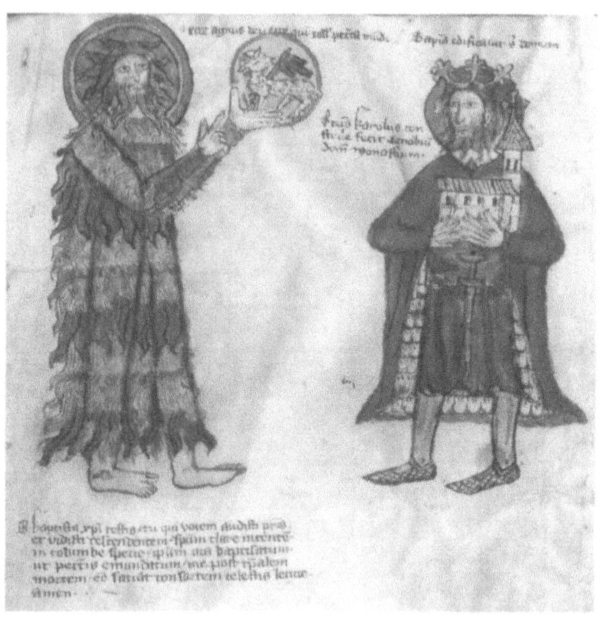

Abb. 13
Karl der Große als Stifter des Klosters Müstair
Kolorierte Federzeichnung im Urbar von 1394
Müstair, Klosterarchiv XVIII/3,

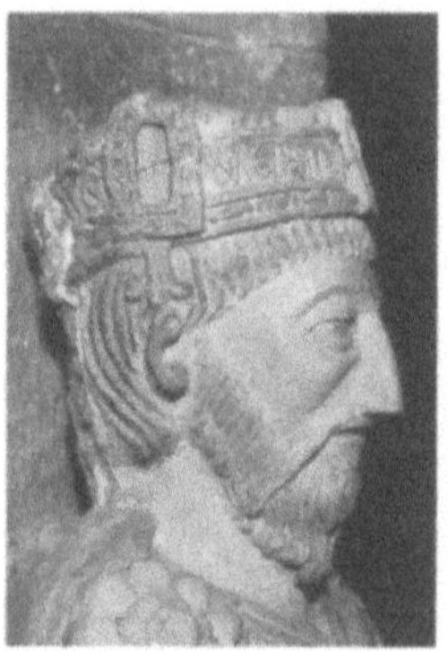

Abb. 14
Kopf der Stuckfigur Karls des Großen
Reifkrone mit Rundbogenplatten und Lilienpendilien, wohl 12. Jh.

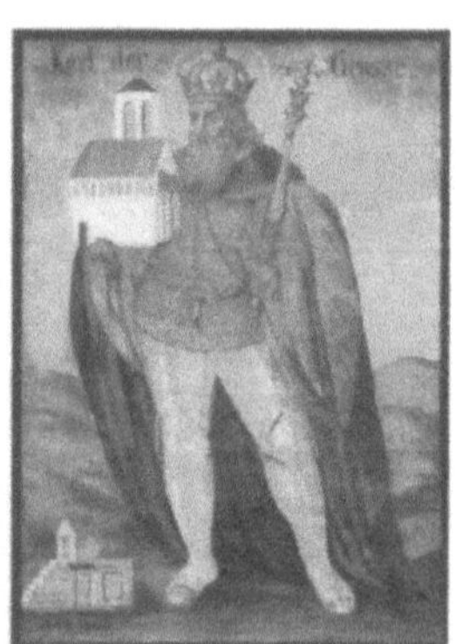

Abb. 15
Karl der Große als Stifter des Klosters Müstair
1909 gemalt von Martl Adam von Mals

Sven Lüken

Karl der Große und sein Bild

Wir alle haben ein Bild von Karl dem Großen im Kopf. Ein kräftiger, bärtiger Mann mit Schwert und Krone, athletisch und willensstark, nicht jugendlich wie Alexander, aber auch nicht greisenhaft wie Barbarossa, nicht milde wie Augustus, nicht asketisch wie Friedrich der Große, aber dennoch der Inbegriff eines perfekten Herrschers.

So kannte ihn die barocke Ikonographie, so malte ihn noch der Nazarener Philipp Veit 1843 für die Kaisergalerie des Kaisersaals im Frankfurter Römer *(Abb. 25)*. Karl sitzt auf einem Thron, der dem in Aachen ähnlich ist, trägt einen roten, von einer Fibel gehaltenen Mantel. Er hält Schwert und Reichsapfel. Auf seinem bärtigen Haupt trägt er eine Krone, die der wirklichen ottonischen Reichskrone ähnlich ist. Sein Gesichtsausdruck ist streng, ja geradezu furchterregend.

Aber wie hat Karl der Große wirklich ausgesehen?

Viele zeitgenössische Autoren haben Karl erwähnt, seinen Charakter, seine Einzigartigkeit beschrieben, doch nicht sein Aussehen. Eine einigermaßen zeitnahe Beschreibung seines Äußeren existiert aber aus der Feder seines Biographen Einhard (um 770-840). Dieser hatte die Kaiserbiographien des römischen Geschichtsschreibers Sueton (um 70-um 140) gelesen und erfahren, was nach klassischem Vorbild zur Charakteristik eines Menschen gehört. Einhard eiferte diesem Vorbild nach, ohne es zu kopieren, und suchte nach Ausdrücken, die auf seinen Herren passten. Aus eigener Erinnerung fügte er Ergänzungen hinzu – ein Verfahren, das aus der zeitgenössischen Historiographie herausfiel.

Knapp zwanzig Jahre nach dem Tod des Kaisers gelang ihm eine der vielleicht besten Persönlichkeitsschilderungen des Mittelalters, als er Karl im 22. Kapitel seiner „Vita Karoli Magni“ wie folgt aus dem Gedächtnis beschrieb:

"Karl war kräftig und stark, dabei von hoher Gestalt, die aber das rechte Maß nicht überstieg. Es ist allgemein bekannt, dass er sieben Fuß groß war. Er hatte einen runden Kopf, seine Augen waren sehr groß und lebhaft, die Nase etwas lang; er hatte schöne graue Haare und ein heiteres und fröhliches Gesicht. Seine Erscheinung war immer imposant und würdevoll, ganz gleich ob er stand oder saß. Sein Nacken war zwar etwas dick und kurz, und sein Bauch trat ein wenig hervor, doch fielen diese Fehler bei dem Ebenmaß seines Körpers nicht sehr auf. Er hatte einen festen Gang, eine durchaus männliche Haltung des Körpers und eine helle Stimme, die jedoch zu der ganzen Gestalt nicht recht passen wollte. Seine Gesundheit war immer ausgezeichnet, nur in den letzten vier Jahren seines Lebens litt er öfter an

Fieberanfällen und hinkte schließlich sogar auf einem Fuß. Trotzdem folgte er weiter seinem eigenen Gutdünken und nicht dem Rat der Ärzte, die er fast hasste, weil sie ihm vorschrieben, dass er das gewohnte Bratenfleisch aufgeben und dafür gekochtes Fleisch essen sollte."

Vielleicht hat Albrecht Dürer, der gegen 1510 vom Nürnberger Rat den Auftrag bekommen hatte, ein Porträt Karls des Großen anzufertigen, diese Beschreibung gekannt?

Die "Vita Karoli Magni" war im Verlauf des Mittelalters nie ganz in Vergessenheit geraten, doch kann man im späten 15. Jahrhundert fast von einer Wiederentdeckung sprechen. Besonders in Deutschland wurde Einhard seit den 90er Jahren des 15. Jahrhunderts im Kreis der Frühhumanisten verstärkt rezipiert. Grund war wohl das neu erwachte Interesse an der eigenen Geschichte. Zwar wurde der Text erstmals 1521 in Köln gedruckt, doch sind zahlreiche ältere Handschriften aus anderen Brennpunkten des humanistischen Geschehens bekannt. Nürnberg war ein solches Zentrum des Frühhumanismus, zu dem Dürer Verbindung hatte.

Auf seinen Auftrag hat sich Dürer gründlich vorbereitet, denn er hat sich die in Nürnberg aufbewahrten Reichskleinodien angesehen und sie sorgfältig zeichnerisch festgehalten. Auch eine Zusammenstellung der vermeintlich karolingischen Insignien hat er vorgenommen und festgehalten. „Das ist des heiligen grossen keiser karels habitus“, notierte er auf dem 1510 datierten Blatt *(Abb. 21)*. Das heißt nicht, dass hier ein Porträt geliefert wurde, doch wird Dürer wohl kaum seinen Gesellen porträtiert haben, wie er die kaiserlichen Kleider ausprobierte. Kaiser Karl stellt er hier als bartlosen, langhaarigen und vor allem massigen Mann dar, ganz ähnlich der Einhardschen Beschreibung. Doch sonst mit Reichskrone und Mantel, Schwert und Reichsapfel durchaus in der gängigen Weise.

Hat Karl der Große so ausgesehen?

Die zeitgenössischen Bildzeugnisse sagen uns nicht, wie Karl der Große tatsächlich ausgesehen hat. Entweder ist der Maßstab zu klein – etwa bei Münzen und Siegeln – oder die künstlerische Qualität nicht ausreichend oder die Karl darstellenden Köpfe verraten so stark die Tradition, in der ihre Hersteller standen, dass es vermessen wäre, aus ihren Werken irgendeinen Bezug zur Realität, etwa über die Struktur des Kopfes, die Gliederung des Gesichtes, die Stellung der Augen usw. zu folgern. Die Münzen zeigen den Kaiser allenfalls übereinstimmend mit schwerem Kopf, kräftigem Kinn, vollen, fast dicken Wangen, starkem Hals und feistem Nacken. Man fühlt sich daher auch hier an die Beschreibung Einhards erinnert. Als weiteres Kennzeichen bleibt sodann der Bart, doch schon hier stimmen die Bildzeugnisse im Detail nicht mehr überein: Karl ist sowohl mit Backenbart als auch mit hängendem Schnauzbart und ausrasiertem Kinn dargestellt worden. Dieser

Schnurrbart entsprach – und darauf deuten viele Bildzeugnisse hin – dem fränkischen Brauch des neunten Jahrhunderts, und es ist kaum denkbar, dass Karl hier eine Abweichung suchte, denn es ist überliefert, dass er am liebsten in fränkischer Alltagstracht auftrat, zu der eben damals ein Schnurrbart gehörte. Doch mehr wissen wir nicht. Es könnte eben auch sein, dass vornehme Franken im achten Jahrhundert einen Backenbart trugen. Die Bildquellen sagen hier nichts Eindeutiges aus. Nur ein lang wallender Vollbart ist nirgendwo zu sehen.

Wir kennen Karl den Großen so, wie ihn Alfred Rethel im 19. Jahrhundert in seinen berühmten Fresken für den Aachener Rathaussaal malte, so zum Beispiel in der 1850 vollendeten Darstellung der Schlacht von Cordoba des Jahres 778, die Karl als heldenhaften Verteidiger des Abendlandes gegen die Sarazenen zeigt. Rethel folgte offenbar anderen Traditionen, anderen Beschreibungen, nicht Einhard.

In der „Historia Karoli Magni", die angeblich ein Zeitgenosse des Kaisers, der Erzbischof Turpinus von Reims (748-794), tatsächlich aber ein Geistlicher zwischen 1147 und 1168 verfasste, als die von Kaiser Friedrich I. Barbarossa betriebene Heiligsprechung Karls 1165 hohe Wellen schlug, wird Karl wie folgt beschrieben:

„König Karl hatte bräunliches Haar, ein rötliches Antlitz, einen herrlichen Körper, war jedoch ein furchterregender Anblick, maß acht seiner eigenen sehr langen Füße, sehr breit in den Hüften, mit entsprechendem Bauch und von gewaltigen Armen und Schenkeln. Ein außerordentlich geübter, feuriger Held von größter Kraft. Sein Antlitz war anderthalb Spannen lang, sein Bart maß einen Fuß, die Nase etwa einen halben Fuß, die Stirn war einen Fuß breit, seine Löwenaugen funkelten wie Edelsteine, die buschigen Augenbrauen waren eine halbe Spanne dick. Wen er im Zorn anblickte, der erschrak sofort."

Wie kam es zu diesem Bild? Wie entsteht, wie wandelt sich die Ikonographie Karls des Großen, die Darstellung seiner Person im Laufe der Geschichte des Mittelalters?

Karl der Große war zunächst eine historische Figur und er wurde später als Heiliger verehrt. Dementsprechend zahlreich sind Darstellungen von ihm. Eine zusammenfassende Untersuchung über seine Ikonographie existiert dennoch bis heute nicht.

Es gibt wenig Darstellungen Karls des Großen aus der Zeit vor seiner Heiligsprechung 1165. Ohne Einfluss auf die spätere Ikongraphie blieben die erwähnten Münzen und einige nicht in situ und im Original erhaltene, aber als Zeichnungen überlieferte römische Mosaike aus dem 8. Jahrhundert. Sie zeigen Karl in fränkischer Tracht und mit dem rechteckigen Nimbus des Lebenden. Die Überlieferung ist zu schwach, um noch Details seines Gesichts ausmachen zu können.

Neben der Metzer Statuette (*Abb. 26*), die auf Karl den Großen bezogen wurde, hat sich aus der Zeit vor der Heiligsprechung das sogenannte „Ältere Karlssiegel“ (*Abb. 16*) erhalten. Bild und Umschrift lassen das Siegel auf dem ersten Blick als Siegel Karls des Großen erscheinen: „KAROLUS MAGNUS ROMANORV(m) IMP(erato)R AVGVSTVS“. Doch ist es wohl erst um 1134 entstanden, wurde ursprünglich als Siegel des königlichen Gerichtstuhles in Aachen geführt, und kam später in den Gebrauch der Stadt Aachen, als Stadtsiegel. Das Bild zeigt den thronenden Kaiser mit Krone, Zepter und Reichsapfel. Er trägt nach byzantinischem Vorbild Tunika, Dalmatika und Mantel, nicht die fränkische Tracht. In ihrer Art entspricht die Darstellung Karls hier den im 12. Jahrhundert üblichen Gepflogenheiten; sie ist so, wie sich Kaiser und Könige damals darstellen ließen. Trägt eine solche Darstellung individuelle Züge? Die Krone ist mit ihren Lilienaufsätzen immerhin der berühmten Metzer Statuette ähnlich. Auch trägt Karl einen gestutzten Backenbart mit karikaturhaft gesteigertem Schnurrbart. Sollten die karolingischen Münzen hier das Vorbild gewesen sein? Wie dem auch sei: Die Darstellung ist nur 8,5 cm im Durchmesser und dürfte als Siegel nur einem eingeschränkten Kreis bekannt gewesen sein und keine repräsentative Wirkung entfaltet haben.

Am 29. Dezember 1165 wurde Karl der Große auf Betreiben Kaiser Friedrich Barbarossas heiliggesprochen. Als Heiliger wurde Karl seitdem vielfach dargestellt- als Einzelfigur, in Gruppen, in Szenen und in Zyklen. Als Einzelfigur kommt Karl in allen nur denkbaren Medien an den vielfältigen Zentren seines Kultes vor: Figuren und Reliefs in allen erdenklichen Materialien, Größen und Qualitäten. Er wird zumeist stehend oder thronend dargestellt, als Herrscher und Kaiser mit Krone, Reichsapfel, Schwert oder Zepter. Kleidung und Barttracht variieren jedoch ebenso stark wie das Alter zwischen Jüngling und Greis. Die Arten der Darstellung wechseln stark mit den Anlässen und der Zeitmode – dies ist ungewöhnlich für einen Heiligen. Erst im Spätmittelalter bildet sich eine Ikonographie Karls des Großen heraus, die bis heute ihre Verbindlichkeit behalten hat.

Die Gebeine Karls wurden in Aachen in einem Schrein aufbewahrt, der frühestens 1182 begonnen und 1215 im wesentlichen vollendet war. An der Stirnseite thront der jetzt heilige Kaiser, mit dem Aachener Kirchenmodell und dem Zepter in der Hand sowie einer hohen, gotischen Krone auf dem Haupt (*Abb. 17*). Sein junges Gesicht ist glatt, ja fast unpersönlich. Haar- und Barttracht des Kaisers begegnen uns auch auf den übrigen Herrscherdarstellungen an den anderen Seiten des Schreins. Sie sind nicht individuell. Nur angedeutet die Haarlocken, der kurze Vollbart. Karl ist dargestellt als neuer König David, dem idealen König schlechthin. Der Tag seiner Kanonisation, der 29. Dezember, war nicht zufällig gewählt. Er galt in einigen Kalendern als Fest König Davids. Einziges Charakteristikum ist der breite Schnauzbart über der Oberlippe. Er ist offenbar zur Bildtradition geworden

– nach dem Vorbild der historischen fränkischen Tracht, wie sie auf den Münzen Karls und auf der Reiterstatuette überliefert wurde.

An den verschiedenen Zentren seiner Verehrung wurde Karl dem jeweiligen lokalen und zeittypischen Kontext angepasst dargestellt. Halberstadt ist ein zentraler Ort der mittelalterlichen Karlsverehrung. Das Bistum Halberstadt führt seine Gründung legendär auf Karl den Großen zurück. Das älteste in Halberstadt erhaltene Zeugnis, das Karl den Großen zeigt, ist ein Teppichfragment *(Abb. 19)*, das in der ersten Hälfte des 13. Jahrhunderts entstanden ist. Karl sitzt im rautenförmigen Mittelfeld auf einem Thron, angetan mit Krone und Zepter. Seine blonden Locken sind mittellang, ebenso der Voll- und Schnurbart. Das Bildschema verweist auf die Maiestas Domini. Doch fast fühlt man sich ebenso an Mark Aurel erinnert und es ist in der Tat der Typus des Philosophen auf dem Thron, der hier dargestellt ist. Karl sitzt inmitten von Philosophen; Cato und Seneca sind auf dem Fragment noch zu erkennen. Sie sind im Gespräch vertieft, wie die Redegesten zeigen. Und was sie sagen, nennen uns lateinische Spruchbänder. Karl sagt: „(Ex)stare diu nec honor nec vis nec forma nec etas sufficit / in mundo plus tamen ista place(nt) - Um lange Bestand zu haben, genügen weder Ehre noch Kraft, noch Schönheit noch Jugend. In der Welt mehr gefallen jedoch diese da.“ „Diese da“ sind die Weisheiten der Philosophen, auf die Karls Gestus deutet. Cato antwortet: “Denigrat meritum dantis mora - Des Spenders Zögern mindert das Verdienst!“. Und Seneca: „Qui cito dat bis dat - Wer schnell gibt, gibt doppelt.“ Ein direkter Aufruf an weltliche Herren, großzügig und ohne lange zu überlegen zum Wohle der Kirche zu spenden. Karl ist der Stifter und er gebraucht philosophische Argumente, um andere zu überzeugen, seinem Beispiel zu folgen. Er konnte dazu als Philosoph dargestellt werden, in antiker Tradition mit gestutztem Vollbart, weil es im 13. Jahrhundert keine verbindliche Ikonographie des heiligen Kaisers gab.

Das sollte sich auch im 14. Jahrhundert noch nicht ändern. Neben Aachen und Halberstadt war Frankfurt am Main einer der Hauptorte der Karlsverehrung. 1228 wird Karl als Gründer der Stadt und vor allem des Bartholomäusstifts genannt, der späteren Wahlkirche der deutschen Könige. Seit 1322 lässt sich die liturgische Verehrung belegen. Die Bartholomäuskirche erhielt 1345 ein neues Chorgestühl aus Eichenholz. Eine große gotische Reliefschnitzerei an der Wange zeigt das Bild Karls *(Abb. 18)*. Hier ist er ein sich geziert bewegender junger König, mit Hermelinkragen und modisch eng geknüpftem Gewand. Er trägt das Zepter und das Modell des Bartholomäusstiftes, das Gesicht unter der gotischen Krone ist bartlos. Nichts erinnert an das, was bisher über die Darstellungen Karls gesagt werden konnte – kein Schnurrbart, kein Schwert, kein Mantel. Ohne den Zusammenhang zu kennen, wäre Karl nicht als solcher zu identifizieren. Ihm gegenüber sitzt der bärtige Bartholomäus, der Stiftspatron. Nur mit ihm zusammen bekommt er einen Sinn, kann identifiziert werden. Nicht herrscherliche Repräsentation, sondern höfisch-aristokratische Erscheinung begegnet in der

Darstellung. Karl wird hier als jugendlicher Stifter der Bartholmäuskirche, nicht als heiliger Kaiser dargestellt.

Nicht die Heiligsprechung Karls im Jahr 1165, sondern eher seine Verehrung, die im 14. Jahrhundert die rivalisierenden Herrscher in Frankreich und im Reich hegten, führten zu einer stärkeren visuellen Präsenz Karls des Großen. König Karl V. von Frankreich und Kaiser Karl IV. förderten beide den Karlskult. In beiden Fällen diente er der Legitimierung einer neuen Dynastie, der Valois in Frankreich und der Luxemburger in Deutschland.

Kaiser Karl IV. hatte die Burg Karlstein in Böhmen ausbauen und ausschmücken lassen, nicht zuletzt als würdevollen Aufbewahrungsort der Reichsinsignien, als Schatzkammer des Reiches, das er ganz deutlich auf Karl den Großen zurückführte. Für die Kreuzkapelle, den zentralen Raum der Burg, malte Magister Theodoricus zwischen 1350 und 1375 ein Tafelbild mit dem Porträt Karls des Großen *(Abb. 22)*. Stilistisch zeigt es die Merkmale der „internationalen Gotik", des „weichen Stils", doch ist es um Individualität bemüht. Karl ist nimbiert, er trägt die Krone, den Reichsapfel und das Zepter. Das Wappen ist der Doppeladler des Kaisers. Und Karl ist ein alter Mann, mit grauem Haar und langem, zottigen Bart. Das Bild ist streng frontal orientiert, wie eine Darstellung Christi. Das grau-weiße Bart- und Haupthaar leuchtet von innen her, es gibt Karl Entrücktheit und die Aura des idealen Herrschers. Die Darstellung hat keine Verbindung zum jugendlichen König David auf dem Aachener Karlsschrein und auch keine zum jungen Karl in Frankfurt.

Ein anderes Karlsbild wird vom Büstenreliquiar *(Abb. 20)* des Aachener Münsterschatzes vorgetragen. Die silberne Büste birgt die Hirnschale des Heiligen, sie ist wohl um 1360 entstanden. Eine Stiftung Kaiser Karls IV. lässt sich nicht belegen. Sie wäre denkbar, da sich der Luxemburger mehrfach in Stiftungen um die Verbindung von Prag und Aachen bemüht hat. Die Herkunft des Künstlers ist auch nicht eindeutig zu entscheiden, doch sind enge Verbindungen zur französischen Skulptur des frühen 14. Jahrhunderts nicht zu übersehen.

Die mit antiken Gemmen besetzte Bügelkrone ist abnehmbar und ursprünglich nicht zugehörig. Sie könnte aus Böhmen nach Aachen gelangt sein. Vielleicht hat Karl IV. sie selbst bei seiner Krönung in Aachen 1349 getragen, da die Reichskrone damals nicht zur Verfügung stand. Belegt ist, dass sie abgenommen und bei Krönungen verwendet wurde. Kaiser Siegmund, Friedrich III. und Ferdinand I. sind mit ihr in Aachen gekrönt worden. Der getrennte Sockel zeigt die Lilie der französischen Könige auf blauem Grund und das Gewand den schwarzen einköpfigen Adler des Reiches auf goldenem Grund. Aus beiden Elementen entstand das vermeintliche Wappen Karls des Großen, der geteilte Schild mit Lilien und Adler. Es ist noch heute Wappen des Domstifts Aachen.

Karl ist hier mit einem kurzen Vollbart dargestellt. Die aufgerollten Locken und das in die Stirn fallende Fransenhaar sind betont modische Zutaten, sie sind keine individuellen Charakteristika. Doch bemühte sich der Künstler auch um Individualität, wenn er leicht unterschiedlich gebildete Augenbögen und eine Sattelnase schuf. Vor allem aber verlieh er der Büste Züge des physiognomischen Löwentypus', den schon die Antike als Kennzeichen des Helden gekannt hat. Karl hat eine breite Stirn, eine kräftige Nase, einen starken Hals, große Augen und vor allem eine löwenhafte Stirnfalte. Er ähnelt damit dem Karl, der schon im Rolandslied und vom erwähnten Pseudo-Turpinus geschildert worden war: „Seine Löwenaugen funkelten wie Edelsteine, die buschigen Augenbrauen waren eine halbe Spanne dick. Wen er im Zorn anblickte, der erschrak sofort." Karl wird zum Helden schlechthin; seine Darstellung folgt aber nicht mehr der Herrscherikonographie König Davids.

Auch später waren die Darstellungen Karls des Großen variantenreich, denn es gab immer noch keinen verbindlichen Typ.

Die 1492 in Mainz gedruckte, vom Braunschweiger Goldschmied Konrad Bote verfasste niederdeutsche „Cronecken der Sassen" lässt Karl gleich mehrfach auftreten. Einmal erscheint er als Halbfigur, aus seinem Wappen herausragend. Ihn umgeben seine vier Frauen bzw. Konkubinen, mit denen er Nachkommen hatte, so wie es auch Einhard beschrieben hatte. Das Wappen und der Namenszug kennzeichnen ihn eindeutig. Karl trägt einen Mantel mit Brokatkragen. Er hält das Zepter geschultert, auf dem Haupt eine Bügelkrone. Sein Antlitz ist das eines alten Mannes, mit Gesichtsfalten, Bart und langem, dünnem Haar. Nichts Leonisches, Heroisches oder gar Auratisches hat er hier an sich. Karl ist ein würdiger alter Mann.

Doch in der selben „Cronecken der Sassen" von 1492 taucht Karl auch als Mann mittleren Alters auf. „Karolus de Grote" steht in spätgotischer Rüstung in einer Landschaft. Eine Bügelkrone ziert das Haupt, das Gesicht ist bartlos, aber zerfurcht. Er hält das Schwert gezückt über der Schulter. Auf dem Schild die französischen Lilien, während ein weiterer Schild auf dem Boden den Doppeladler des Reiches zeigt, denn Karl ist hier König des noch vereinigten West- und Ostfrankenreiches. Die Illustration, die als Druck eine weite Verbreitung gefunden hatte, zeigt keinerlei Verweise auf die Karlsikonographie. Wären nicht Text und Wappen, so könnte auch ebenso gut Kaiser Friedrich III. oder ein anderer Kaiser mit Bügelkrone dargestellt sein.

Wie wenig die Karlsikonographie am Ende des Mittelalters festgelegt war, verdeutlicht eine um 1480 entstandene Brüsseler Miniatur. Sie illuminiert eine Ausgabe des Hagiologium Brabantinorum des Hagiografen und Historikers Jan Gielemans (1427-1487), die heute in der Österreichischen Nationalbibliothek aufbewahrt wird (Cod. S.u.12706). Ein Text erläutert die Darstellung: „Hec figura representat Sanctum Carolum Magnum [...] et omnes sanctos et sanctas, qui prodierunt de stirpe ipsius ante et post - Diese Figur stellt den Heiligen Karl den Großen [...] und alle Heiligen dar, die aus seiner eigenen Familie vor und nach ihm hervorgegangen sind." Eine sakrale Architektur ist mit den Wappen Frankreichs, des Reiches und Brabants geschmückt. In dem Gebäude steht unter einem Baldachin Karl der Große, in spätgotischer Rüstung und mit pelzverbrämter Bügelkrone. Sein schmales Gesicht wird von einem gestutzten dunklen Bart gerahmt, das Haar fällt lang und strähnig herab. In der Hand hält er Schwert und Reichsapfel. Oder besser eine Weltkugel, denn Karl ist hier als weltenrichtender Christus dargestellt. Sein langer blauer Marienmantel wird von zwei heiligen Bischöfen gehalten, so dass sich die Heiligen seiner Familie mit ihren Attributen darunter versammeln können. Karl als Weltenrichter und zugleich Schutzmantelmadonna, möchte man sagen, der eine Versammlung von Heiligen, eine Art Disputà, unter seine Fittiche nimmt. Gleich drei ikonographische Zeichensysteme werden damit hier zitiert.

Diese um 1480 entstandene Darstellung Karls des Großen zeigt, wie wenig festgelegt die Ikonographie des Kaisers am Ende des Mittelalters noch war, wie sehr sie den jeweils herrschenden Anforderungen und dem jeweiligen Zusammenhang angepasst werden konnte. Insgesamt lässt sich aber ein Wandel konstatieren, er ging vom alterslosen Herren zum würdevollen Greis. Eine verbindliche Art der Darstellung aber gab es noch immer nicht.

Erst an der Schwelle zur Neuzeit, in der Regierungszeit Kaiser Maximilians I., fand ein endgültiger Rollenwechsel Karls statt, vom jugendlichen Helden oder greisenhaften Alten ins Charakterfach, als würdiger, aber tatkräftiger älterer Herr, der Reich und Dynastie begründet hatte.

Erst durch das Ideal-Porträt Karls des Großen von Albrecht Dürer wurde das Bild zementiert, mit dem der Kaiser im Bewusstsein der Nachwelt fortlebt.

Dies geschah in Nürnberg und das war kein Zufall. Nun war Nürnberg kein ausgesprochenes Zentrum der Karlsverehrung wie Aachen, Frankfurt, Bremen oder Halberstadt - Orte, die ihre Entstehung, Rolle und Bedeutung auf Karl zurückführten. Die Reichsstadt Nürnberg war jedoch 1424 zum Aufbewahrungsort der Reichsinsignien bestimmt worden. Erst dadurch entstand eine Beziehung zum vermeintlichen Reichsgründer Karl.

Verehrt wurde in Nürnberg bis dahin der heilige Deocarus, der Beichtvater Karls des Großen. Die sterblichen Überreste von Deocarus wurden schon 1316 in die Lorenzkirche nach Nürnberg überführt. Um 1430 wurde in einer Nürnberger Werkstatt ein Flügelretabel gemalt und auf dem Altar aufgestellt, worin die Reliquien des Deocarus geborgen waren. Das Retabel war mit Szenen aus dem Leben des heiligen Bischofs geschmückt. Auf einem Flügel der Predella ist Karl der Große dargestellt, wie er bei Deocarus beichtet. Hinter dem Kaiser stehen zwei Hofleute, der vordere hält Krone und Schwert, der hintere eine Standarte mit dem Wappen Karls, Lilien und Adler.

Karl trägt also Mantel, Krone, Schwert und Wappen. Aber er ist hier ausnahmsweise und situationsbedingt barhäuptig dargestellt, und wir sehen, er hat ein kahles Haupt. Er ist ein älterer Mann, mit langem Haar und gestutztem Bart, der einen würdigen, aber nicht furchterregenden Eindruck hinterlässt. Er entspricht ganz dem Karl, der auf der böhmischen Burg Karlstein zu sehen war. Auch wenn es eine erzählende Darstellung war, eine Illustration einer Episode von vielen, kein Repräsentationsbild, so sagt es doch etwas aus über die Ikonographie Karls des Großen, die in der Reichsstadt Nürnberg galt, als sie 1424 zum Aufbewahrungsort der Reichsinsignien, der Reichsheiltümer wurde. Die Darstellung Karls als Greis entsprach auch der Ikonographie, die Albrecht Dürer kannte, als er sein ganz anderes Karlsbild schuf.

Von 1424 bis 1806 war die Reichsstadt Nürnberg Aufbewahrungsort der Kleinodien des Heiligen Römischen Reiches Deutscher Nation. Sie setzten sich zusammen aus Reichsreliquien und den Regalien. Reichskrone, Zepter und Reichsapfel waren nur die wichtigsten Bestandteile eines umfangreichen Kronschatzes, der im Laufe der Jahrhunderte zusammen gekommen war und dessen sakrale und politische Bedeutung heute kaum noch einzuschätzen ist. Nur wer im Besitz der Reichskleinodien war, wurde als rechtmäßiger deutscher König anerkannt und konnte die Anwartschaft auf die Kaiserwürde erwerben. Die Reichskleinodien waren die Verkörperung des Reiches schlechthin. Gleichzeitig waren sie geistliche Reliquien. Darin zeigt sich die weltliche und die geistliche Macht des Heiligen Römischen Reiches gleichermaßen. Einmal im Jahr wurden sie den Gläubigen zur Schau gestellt, die dafür einen Ablass ihrer Sünden erhielten.

Die Reichskleinodien wurden im Lauf der Geschichte an verschiedenen Orten aufbewahrt. Die erwähnte Burg Karlstein in Böhmen war einer von ihnen. Kaiser Siegmund hatte die Reichsinsignien im Jahr 1424 vor den aufständischen böhmischen Hussiten in Sicherheit gebracht und von Prag nach Nürnberg bringen lassen. Dort sollten sie „auf ewige Zeiten, unwiderruflich und unanfechtbar" bleiben, wie es hieß. Und tatsächlich blieben sie auch bis 1796 dort, als sie vor der heranrückenden französischen Armee nach Wien gebracht wurden. Die Spitalskirche vom Heiligen Geist wurde zu ihrem Aufbewahrungsort bestimmt. Von dort aus wurden sie am Donnerstag nach Ostern in die Heiltumskammer des Schopperschen Hauses am Hauptmarkt gebracht, um am nächsten Tage vom Heiltumsstuhl vor der Frauenkirche dem Volk als Reliquien feierlich gezeigt zu werden.

Für die Stadt Nürnberg bedeuteten die Reichskleinodien eine beachtliche Aufwertung ihrer eigenen Position als eine der wichtigsten Reichsstädte. Die Stadt ließ zu ihrer Aufbewahrung einen Schrein anfertigen, der noch heute in der Kartäuserkirche des Germanischen Nationalmuseum zu sehen ist. Die Könige und Kaiser erhielten die Krone und die anderen Herrschaftszeichen fortan nur jeweils für eine kurz Zeit ausgeliehen, nur für die Zeit der Krönung. Schon Kaiser Friedrich III. hatte versucht, der Stadt Nürnberg die Reichsinsignien wieder abzunehmen, und von seinem ungleich tatkräftigeren Sohn Maximilian, der 1508 den Kaisertitel annahm, war ähnliches zu erwarten. Die Stadt Nürnberg musste also etwas unternehmen, um sich der Kleinodien dauerhaft zu versichern. Was lag näher, als den Wohltäter Siegmund und den Gründer des Reiches Karl zu verbildlichen, um darzulegen, dass alles schon immer so gewesen war, wie es ist. Die Stadt Nürnberg sorgte dafür, dass zwei Kaiser stellvertretend für alle anderen wenigstens im Bild bei ihrem Kronschatz waren. Um 1510 erhielt der bedeutendste Nürnberger Maler, nämlich Albrecht Dürer, den Auftrag, große Porträts jenes Kaisers anzufertigen, der den Kronschatz nach Nürnberg gebracht hatte, also Siegmunds, sowie des Urkaisers, Karls des Großen, auf den man damals alle wesentlichen Einrichtungen des Reiches zurückführte. Karl war in Nürnberg mehr der Gründer des Reiches als ein Heiliger, obwohl ein Teil der Reichsinsignien auch deshalb verehrt wurde, weil sie von einem Heiligen, nämlich von Karl, verwendet und berührt worden waren.

1511 und 1513 erhielt Dürer Zahlungen der Stadt Nürnberg für die Anfertigung von zwei Kaiserporträts. Für Dürer war das ein ehrenvoller Auftrag und er hat sich darauf intensiv vorbereitet und die Reichsinsignien genau studiert. Eine Reihe von Zeichnungen hat sich davon erhalten. Das erwähnte Bild mit dem Habitus Karls des Großen von 1510 gehört dazu.

In den Entstehungszusammenhang des Nürnberger Karlsporträts gehört außerdem eine undatierte Zeichnung, die sich im Londoner Courtauld-Institute erhalten hat. Sie zeigt die Porträts der beiden Kaiser zu einem Diptychon verbunden. Die Zeichnung muss vor den Studien der Reichskleinodien entstanden sein, denn deren Kenntnis wird nicht erkennbar.

Die beiden Dargestellten sind im Dreiviertelprofil wiedergegeben und aufeinander bezogen, fast wie in einem Gespräch. Karl, der Gründer des Reiches, schaut auf Siegmund, seinen Nachfolger herab. Karl trägt die Krone, Siegmund nur einen Lorbeerkranz. Karl entspricht mit seinem prächtigen Ornat, dem breiten Hermelinkragen, der kostbaren Brokatdalmatika und der Lilienkrone mit Bügel jenem Karl, den Dürer vom Deocarus-Altar hätte kennen können. Es ist der alte, greise Karl, der im 15. Jahrhundert nicht der einzige, wie wir gesehen haben, aber der am weitesten verbreitete Karl gewesen ist.

Ein vollkommen anderes Konzept fand Dürer für die beiden ausgeführten Tafeln Karls und Siegmunds, die sich heute im Germanischen Nationalmuseum befinden. Die Gemälde zeigen die beiden Herrscher mit ihren Insignien und Wappen als Kniestücke. Sie sind jetzt nicht mehr hierarchisch aufeinander bezogen, sondern stehen als Einzelfiguren fast auf gleicher Höhe zueinander. Uns muss hier vor allem Karl interessieren.

Dürer hat nicht versucht vorzugeben, er habe das Porträt Karls *(Abb. 23)* gemalt. Das Bild trägt auf Vorder- und Rückseite Inschriften, die, obgleich nicht von Dürer selbst, eben dies ausschließen. Auf dem Rahmen die Inschrift: „Dis ist der gstalt vnd biltnus gleich / kaiser karlus der das Remisch reich. Den teitschen under tenig macht . / Sein kron vnd klaidung hoch geacht / zaigt man zu nurenberg alle Jar. / Mit andern heiltum offenbar."

Auf der Rückseite wird diese Aussage noch weiter ausgeführt: „Dis ist keiser karlus gstalt / sein kran vnd kleidung manigfalt / zu nurenberg offenlich zeige(n) wirt mit andern heiltum wie sich gepirt / kung pippinus sun auß franckreich / vnd remischer keiser auch gleich."

Das Gemälde ist „Gstalt und biltnus gleich", es ist nicht das wahre Bildnis Karls. Bei Siegmunds Bild wird dagegen betont, es handele sich tatsächlich um die Gestalt des Kaisers, er habe also so ausgesehen.

Wie hat Dürer Karl nun dargestellt, wenn er kein Porträt geliefert hat?

Im Gegensatz zur Londoner Zeichnung haftet Karl nichts Greisenhaftes mehr an. Es ist auch nicht der von Einhard geschilderte feiste, stiernackige Typ, es ist nicht der König David vom Karlsschrein, nicht der bartlose Karl aus Frankfurt, nicht der Philosoph aus Halberstadt, erst recht nicht der Greis des 14. und 15. Jahrhunderts.

Wiederum fühlt man sich an die Beschreibung des Pseudo-Turpin aus dem 12. Jahrhundert erinnert: „König Karl hatte bräunliches Haar, ein rötliches Antlitz, einen herrlichen Körper, war jedoch ein furchterregender Anblick. [...] Ein außerordentlich geübter, feuriger Held von größter Kraft. [...] seine Löwenaugen funkelten wie Edelsteine, die buschigen Augenbrauen waren eine halbe Spanne dick. Wen er im Zorn anblickte, der erschrak sofort."

Dürer hat hier mehrere ikonographische Traditionen des Mittelalters zusammengeführt. Karl erscheint als älterer, bärtiger Mann, er trägt die Insignien seines Amtes. Er ist frontal dargestellt wie sonst nur Christus bei der vera icon. Zugleich wirkt er löwenhaft und heroisch und doch durch seine Aura entrückt. Man könnte sagen, Dürer habe die typenbildende Kraft des Mittelalters mit der Sachtreue der Neuzeit vereinigt und die Heroisierung des Karlsbildes, die sich in der zweiten Hälfte des 15. Jahrhunderts gegen das Greisenideal des 14. Jahrhunderts durchzusetzen begann, vollendet.

Und Dürers Karl ist tatsächlich fast körperlich real. Als mächtige, frontal dargestellte Gestalt sprengt er beinahe den Rahmen. Karl tritt uns deutlich verjüngt und körperlich präsent entgegen. Augenbrauen und Gesichtshälften sind unterschiedlich gestaltet, wie bei einem realen Menschen. Er erscheint so lebensnah, dass man meinte, den Johannes Stabius, Hofhistoriograph Kaiser Maximilians, in ihm zu erkennen. Das eigentlich bräunlich-rote Haar ist zwar in Ansätzen ergraut, doch erscheint dies nicht als Zeichen des Alters, sondern mehr als Lichtreflex. Er hält in der Rechten das Reichsschwert, in der Linken den Reichsapfel. Auf dem Kopf die Reichskrone, die Dürer zu diesem Zweck studiert hatte. Das bis in alle Einzelheiten wiedergegebene Ornat besteht aus der Adlerdalmatika, der über der Brust gekreuzten Stola und dem um die Schultern gelegten Mantel. Das deutsche Adler- und französische Lilienwappen umgeben sein Haupt, wie schon bei älteren Darstellungen.

Durch die Verbindung eines idealen Typs mit der leiblichen Vergegenwärtigung des Kaisers ist Dürer ein Bild gelungen, das die Frage nach dem Aussehen Karls für die Folgezeit beantwortet hat. Auch wenn Dürer nicht beabsichtigte, ein Porträt zu liefern, hieß es fortan, so habe Karl der Große eben ausgesehen. Zugleich wurde er so zum Symbol des Heiligen Römischen Reiches. Dürer sei hier die „Individualisierung des Auratischen“ gelungen, wie es Lieselotte Saurma unlängst konstatiert hatte.

So wie ihn Dürer malte, so ist Karl der Große in das Bewusstsein der Nachwelt eingegangen. In der Barockzeit gab es zwar Ausschmückungen und Zusätze, aber keine wirkliche Veränderung des Typs, den Dürer gefunden hatte. Dieser Typ sollte es schließlich auch sein, den Philipp Veit, Alfred Rethel und andere Maler im 19. Jahrhundert in ihren historistischen Gemälden verwendeten und damit in das Bewusstsein weiter Bevölkerungsschichten drangen.

Alfred Rethel malte ihn 1847 in dieser Weise für den Krönungssaal des Aachener Rathauses. Kaiser Otto III. besucht die Gruft seines Vorgängers Karl und findet den Leichnam unverwest auf dem Thron mit allen Insignien sitzend vor. Beide, Dürer und Rethel, haben Karl als Symbol des Heiligen Römischen Reiches gemalt – nur war es inzwischen untergegangen.

Die Entstehung der Nürnberger Kaiserbilder war untrennbar verbunden mit der Funktion der Reichsinsignien als Reliquien. Die Bilder spielten eine Rolle bei deren Inszenierung. Nach der Einführung der Reformation in Nürnberg 1526 fiel dies weg. Die Bilder wurden aber nicht zerstört, sondern ins Nürnberger Rathaus überführt, wo sie weiterhin besichtigt werden konnten. 1864 gelangten sie ins Germanische Nationalmuseum.

Doch es waren vor allem Kopien, die für eine weite Verbreitung des Dürerschen Karlsbildes sorgten. Dürer und seine Kunst gerieten nie in Vergessenheit. Das gilt besonders für die beiden Kaiserbilder Karls und Siegmunds. Wir kennen fünf schriftlich überlieferte Fälle, in denen zwischen 1532 und 1611 Kopien der Nürnberger Kaiserbilder angefertigt wurden. Der Nürnberger Rat verwendet sie z.B. als Ehrengeschenk für Personen, die sich um die Stadt verdient gemacht hatten. 1532 erhielt beispielsweise Georg Pencz den Auftrag, die Nürnberger Kaiserbilder für den sächsischen Kurfürsten zu kopieren. 1570 ließ Willibald Imhoff das Bildnis Karls des Großen für einen Auftraggeber kopieren. 1611 sind in Augsburg zwei Kaiserporträts überliefert, die mit Dürer in Zusammenhang gebracht werden. Bereits vor 1600 gab der Nürnberger Rat Kopien der Kaiserbilder in Auftrag, eben jener Kniestücke, die sich zu diesem Zeitpunkt im Rathaus befunden haben. Sie wurden als diplomatische Geschenke für den Kaiserlichen Kammerrat Strein und den Reichsvizekanzler verwendet. Es haben sich außerdem zahlreiche Kopien und Varianten der Nürnberger Bilder real erhalten. Sie sprechen dafür, dass das Kopieren sich nicht auf seltene Einzelfälle beschränkte. Karl der Große wurde durch den Erfolg und die Nachfrage nach Dürers Konzeption gewissermaßen zum Kaiser im Zeitalter seiner technischen Reproduzierbarkeit. Diese Kopien und Varianten waren auch ein Grund dafür, dass sich Dürers Bild in der Nachwelt durchgesetzt hat.

Neben den schriftlich überlieferten haben sich fünf Kopien und Varianten des Nürnberger Karlsbildes erhalten. Nicht alle zeigen den Kaiser in Dreiviertelansicht. Manche beschränken sich auf den Kopf. Kopfstücke beider Kaiser sind unlängst aus Schweizer Privatbesitz vom Deutschen Historischen Museum angekauft worden. Die Analyse der Unterzeichnungen und der maltechnischen Besonderheiten hat erbracht, dass es sich nicht um Kopien im eigentlichen Sinne handelt, sondern dass sie wahrscheinlich noch in der Werkstatt Dürers, jedenfalls zeitnahe an der Entstehung der Nürnberger Bilder gemalt worden sind. Es sind keine Vorstudien, wie früher vielfach angenommen, sondern Nachschöpfungen, die nicht das gesamt Porträt übernahmen, sondern jeweils nur den Kopf der Kaiser abbildeten. Nur das Karlsbild im Deutschen Historischen Museum (*Abb. 24*) hat Unterzeichnungen, so dass wir hier wohl die Erstfassung der Kopfstücke vor uns haben.

Eine lateinische Inschrift nennt Karl und seine Regierungsdaten. Am linken Bildrand über der Schulter das Monogramm Albrecht Dürers und die Jahrszahl 1514. Durch den Ausschnitt ist der Kopf Karls nochmals monumentalisiert worden. Eine noch stärkere Heroisierung wurde dadurch hervorgerufen. Die Augen sind gleichmäßiger als beim Nürnberger Vorbild gestaltet, groß und weit richten sie sich in die Ferne; das Gesicht ist deutlicher in einer en face-Ansicht wiedergegeben. Die Krone ist vereinfacht worden, die Lichtreflexe regelmäßiger. Das ist weniger auf das künstlerische Unvermögen des Malers zurückzuführen, sondern es weist auf die Absicht hin, dem Bildnis eine idealisierte Form zu verleihen, um damit eine ewig während Überzeitlichkeit auszudrücken.

Karl der Große genoss mindestens seit dem Spätmittelalter eine breite Verehrung, die in unzähligen Bildern, Statuen, Teppichen und vielem mehr zum Ausdruck kommt. Auf jeweils unterschiedliche Eigenschaften oder Qualitäten rekurrieren die Darstellungen, denn die Interessen an der Person Karls und seiner Verehrung sind je nach Kontext und Ort verschieden. Das Aachener Domkapitel hatte ein anderes Interesse an Karl als das Domkapitel zu Halberstadt, die Stadt Bremen oder die Stadt Nürnberg. Die Auffassung von seiner Erscheinung ändert sich außerdem stets auch mit dem stilgeschichtlichen Wandel.

Karl wurde als Einzelfigur, in Reihung, als Teil einer Personengruppe oder szenisch dargestellt. Im Verlauf des Mittelalters wurde er in allen Alterstufen abgebildet, vom jungen Mann bis zum Greis. Weder Insignien noch andere Attribute sind einheitlich. Gemeinsam ist allerdings fast immer, dass er repräsentativ als Herrscher dargestellt wird. Eine einheitliche, allgemein verbindliche Karlsikonographie bildet sich erst am Übergang zur Neuzeit, zu Beginn des 16. Jahrhunderts heraus. Eine entscheidende Zuspitzung erhält sie durch das Karlsbild Albrecht Dürers, das mehrfach kopiert für eine weite und rasche Verbreitung sorgte.

Zum Autor:

Dr. Sven Lüken
Geboren 1959 in Braunschweig. Studium der Geschichte, Kunstgeschichte und Ur- und Frühgeschichte in Göttingen. Magisterexamen mit einer baugeschichtlichen Arbeit über ein Zisterzienserkloster des 13. Jahrhunderts. 1996 Promotion bei Hartmut Boockmann mit einem Thema über den Quellenwert bildlicher Darstellungen des späten Mittelalters.

Nach Tätigkeiten als Wissenschaftlicher Mitarbeiter des Göttinger Universitätspräsidenten und in der Kunstsammlung der Universität Göttingen 1997-2000 Volontär und Ausstellungskurator bei den Staatlichen Museen Kassel (Ausstellungen „Katharina die Große“ und „Geburt der Zeit“), 2000-2001 Direktor des stadtgeschichtlichen Museums der Hansestadt Wismar. Seit 2001 Wissenschaftlicher Mitarbeiter des Deutschen Historischen Museums, bearbeitet die Abteilung Mittelalter der neuen Dauerausstellung im Zeughaus.

Literatur:

ANZELEWSKY, FEDJA, Albrecht Dürer. Das malerische Werk. Berlin 1971.

BRAUNFELS, WOLFGANG, Art. ‚Karl der Große‚. In: Lexikon der christlichen Ikonographie. Bd.7. Basel u.a. 1974, Sp. 276-282.

EINHARD, Vita Karoli Magni – Das Leben Karls des Großen. Mit einem Nachwort und Anmerkungen von Evelyn Scherabon Coleman, Stuttgart 1969.

EPPERLEIN, SIEGFRIED, Leben am Hofe Karls des Großen. Regensburg 2000.

FUHRMANN, HANS, Zur Verehrung Karls des Großen im Dom zu Halberstadt. In: Halberstadt – Dom und Domschatz. Hrsg. von Wolfgang Schenkluhn, Halle 2002, S.55-70 (Halles Beiträge zur Kunstgeschichte 4).

HESS, DANIEL, Dürer als Nürnberger Markenartikel, in: Quasi Centrum Europae. Europa kauft in Nürnberg 1400-1800. Hrsg. Von G. Ulrich Großmann, Nürnberg 2002, S. 450-464.

HEUSER, AUGUST UND KLOFT, MATTHIAS TH. (Hg.): Karlsverehrung in Frankfurt am Main. Frankfurt am Main 2000.

KAHSNITZ, RAINER, Der Wandel des Karlsbildes in der mittelalterlichen Skulptur und Goldschmiedekunst. In: Karl der Große und sein Nachleben in Geschichte, Kunst und Literatur. Hg. von Thomas Kraus und Klaus Pabst, Aachen 2003, S. 295-345 (Zeitschrift des Aachener Geschichtsvereins, Bd. 104/105, Jg. 2002/2003).

KÉRY, BERTALAN, Kaiser Sigismund. Ikongraphie. München 1972.

KÖTZSCHE, DIETRICH, Darstellungen Karls des Großen in der lokalen Verehrung des Mittelalters. In: Karl der Große. Lebenswerk und Nachleben. Bd. 4: Das Nachleben. Hrsg. von Wolfgang Braunfels, Düsseldorf 1965, S. 157 214.

LÖCHER, KURT (Bearb.), Germanisches Nationalmuseum Nürnberg. Die Gemälde des 16. Jahrhunderts, Ostfildern-Ruit, 1997.

PREGLA, BARBARA (Red.), Kostbarkeiten aus dem Domschatz zu Halberstadt, Halle an der Saale 2001.

SAURMA-JELTSCH, LIESELOTTE (Hg.), Karl der Große als vielberufener Vorfahr. Sein Bild in der Kunst der Fürsten, Kirchen und Städte. Sigmaringen 1994 (Schriften des Historischen Museums, 19).

SAURMA-JELTSCH, LIESELOTTE, Karl der Große im Spätmittelalter: Zum Wandel einer politischen Ikone. In: Karl der Große und sein Nachleben in Geschichte, Kunst und Literatur. Hg. von Thomas Kraus und Klaus Pabst, Aachen 2003, S. 421-461 (Zeitschrift des Aachener Geschichtsvereins, Bd. 104/105, Jg. 2002/2003).

SCHOENEN, PAUL, Das Karlsbild der Neuzeit. In: Karl der Große. Lebenswerk und Nachleben. Bd. 4: Das Nachleben. Hrsg. von Wolfgang Braunfels, Düsseldorf 1965, S. 274-305.

Schramm, Percy Ernst: Die deutschen Kaiser und Könige in Bildern ihrer Zeit 751-1190, München 1983.

SCHRAMM, PERCY ERNST, Karl der Große im Lichte seiner Siegel und Bullen sowie der Bild- und Wortzeugnisse über sein Aussehen. In: Karl der Große. Lebenswerk und Nachleben. Bd. 1: Persönlichkeit und Geschichte. Hrsg. von Helmut Beumann. 3. Auflage, Düsseldorf 1967, S.15-23.

TISCHLER, MATTHIAS M., Einharts Vita Karoli. Studien zur Entstehung, Überlieferung und Rezeption. 2 Bde. Hannover 2001 (Monumenta Germaniae Historica. Schriften. Bd. 48).

ZENDER, MATTHIAS: Die Verehrung des heiligen Karl im Gebiet des mittelalterlichen Reiches. In: Karl der Große. Lebenswerk und Nachleben. Bd. 4: Das Nachleben. Hrsg. von Wolfgang Braunfels, Düsseldorf 1967, S. 100-112.

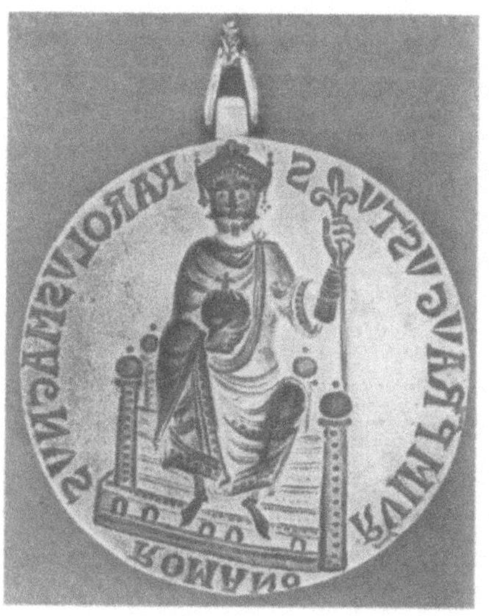

Abb. 16
Typar zum sog. älteren Karlssiegel
Aachen, vor 1134
Dm. 8,5 cm
Aachen, Stadtarchiv

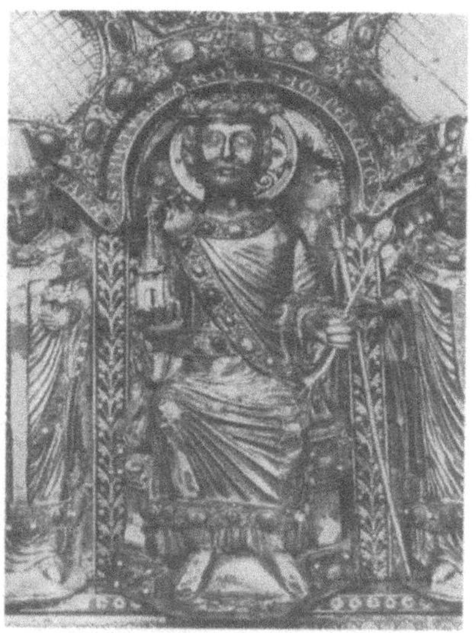

Abb. 17
Karl der Große
Stirnseite des Karlsschreins
Aachen, zwischen 1182 und 1215
Eichenholzkern, Silber, getrieben und vergoldet; L 204 cm, B 57 cm, H 94 cm
Aachen, Münster

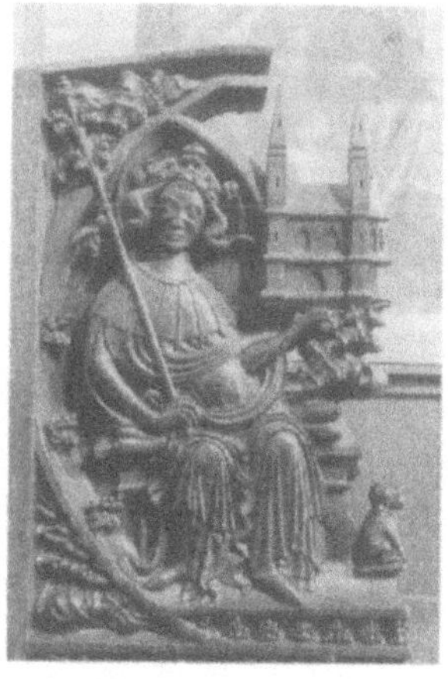

Abb. 18
Karl der Große
Reliefschnitzerei an einer Chorgestühlwange
Mittelrhein, 1352
Frankfurt a.M., Stiftskirche St. Bartholomäus

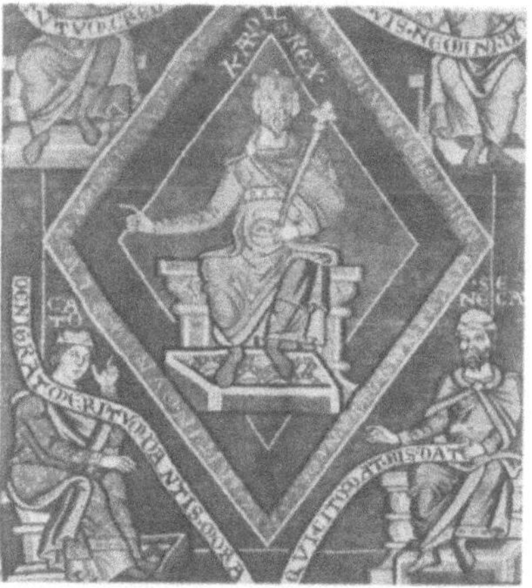

Abb. 19
Karlsteppich
Niedersachsen, 1. Hälfte 13. Jh.
Hanf, Wolle; ca. 158-150 cm
Halberstadt, Domschatz

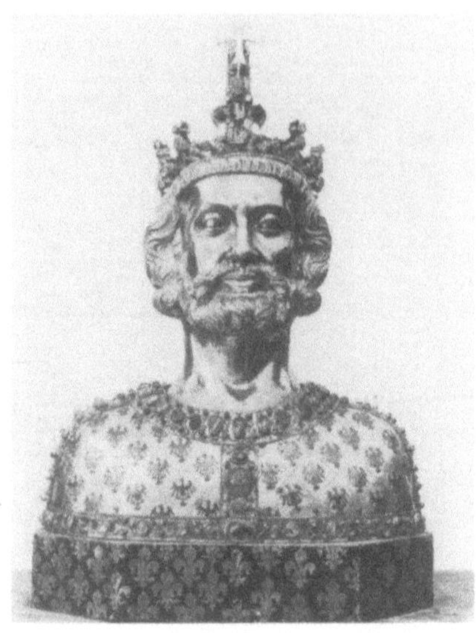

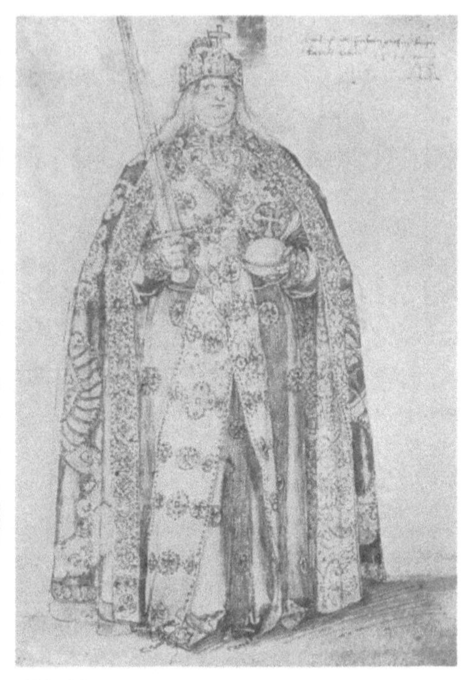

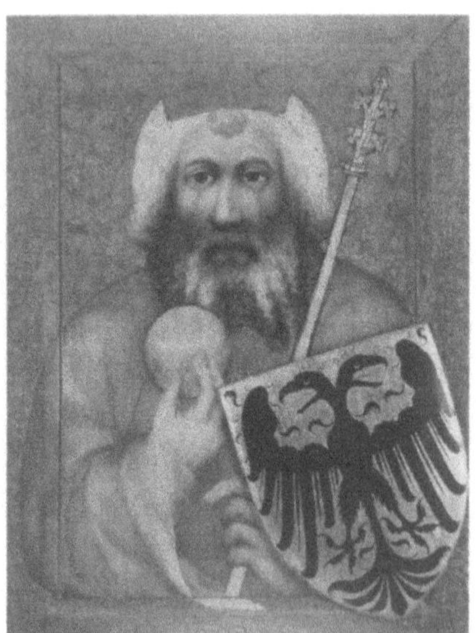

Abb. 20
Kopfreliquiar Karls des Großen
Rhein-Maas-Gebiet, Krone wohl Prag,
Mitte 14. Jh.
Silber, getrieben und teilw. vergoldet, aufgesetzte Ornamente und Edelsteine;
H 86,3 cm, B 57,2 cm, T 33 cm
Aachen, Schatzkammer des Münsters

Abb. 21
Albrecht Dürer
Karl der Große im Krönungsornat
1510
Federzeichnung in blau, leicht aquarelliert;
41,5 x 28,5 cm
Wien, Albertina

Abb. 22
Meister Theoderich von Prag
Karl der Große
1350/1375
Tempera auf Holz; 116,1 x 87,5 cm
Burg Karlstein, Tschechien

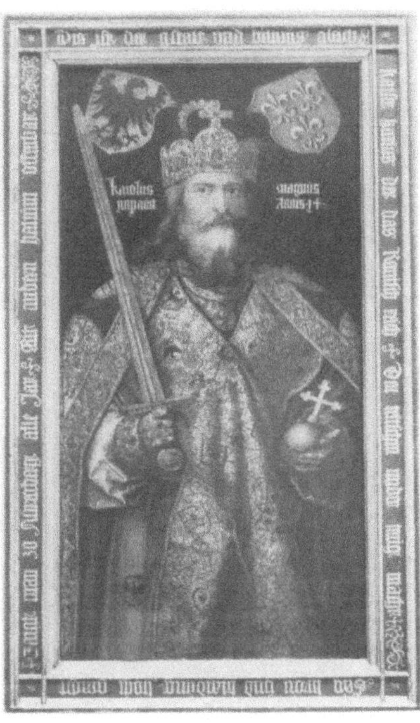

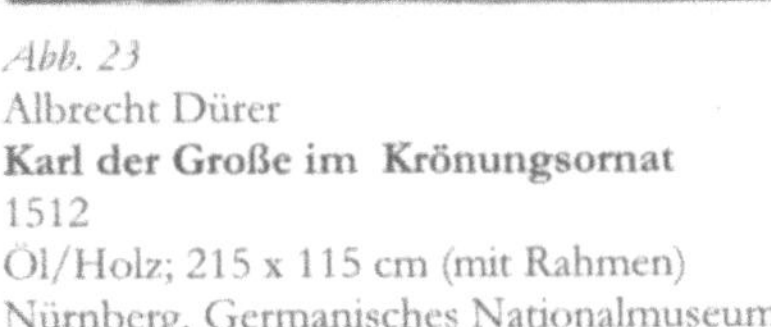

Abb. 23
Albrecht Dürer
Karl der Große im Krönungsornat
1512
Öl/Holz; 215 x 115 cm (mit Rahmen)
Nürnberg, Germanisches Nationalmuseum

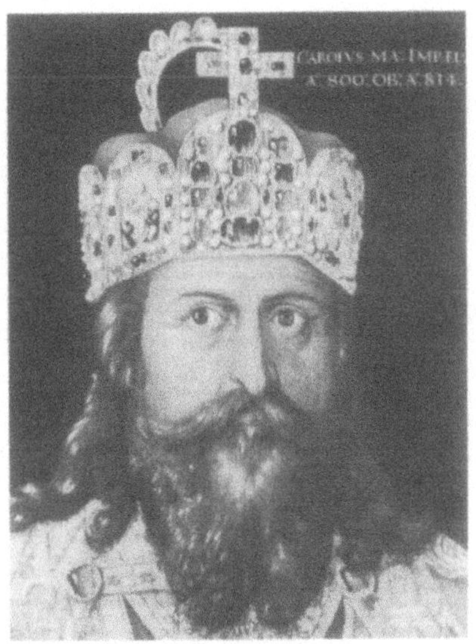

Abb. 24
Albrecht Dürer Werkstatt
Karl der Große
dat. 1514
Öl/Holz; 63,5 x 47 cm
Berlin, Deutsches Historisches Museum

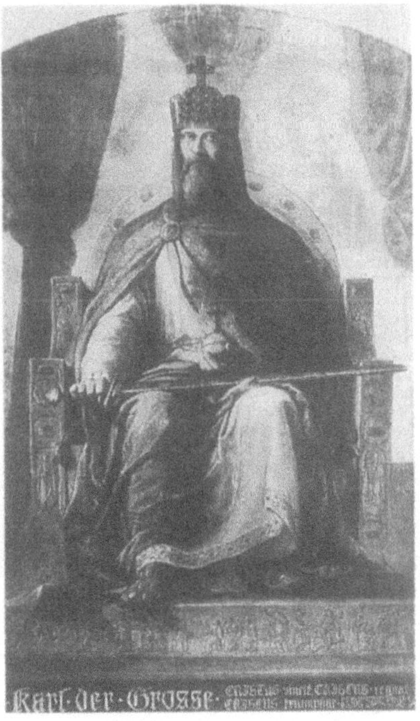

Abb. 25
Philipp Veit
Karl der Große
1852 vollendet
Frankfurt a.M., Gemälde im
Kaisersaal des Frankfurter Römer

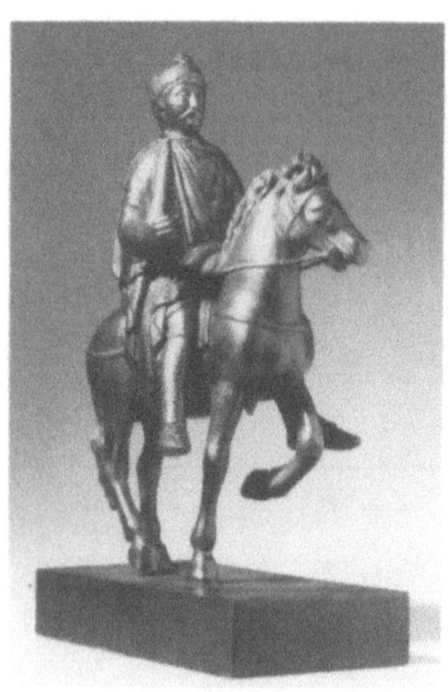

Abb. 26
Reiterstatuette Karls des Großen
Abguss, Paris 1994, vom Original, Metz um 870, im Louvre. Original: Bronze, ehemals vergoldet; H 27 cm, B 95 cm, L 19,5 cm
Berlin, Deutsches Historisches Museum

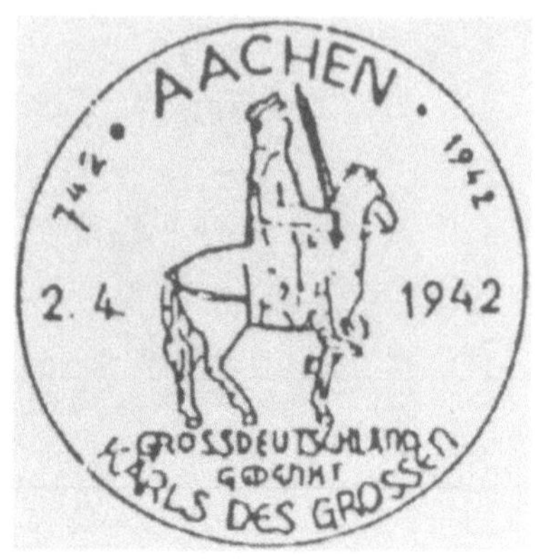

Abb. 27
Poststempel mit der Silhouette der Reiterstatue
Anlässlich des1200-jährigen Wiederkehr des Geburtstages Karls des Großen 2. 4. 1942

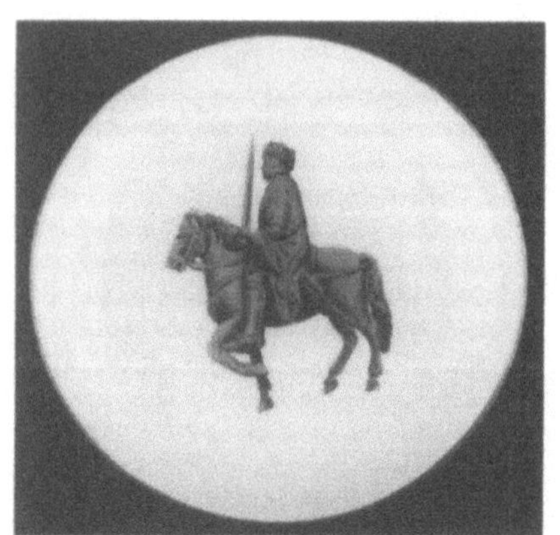

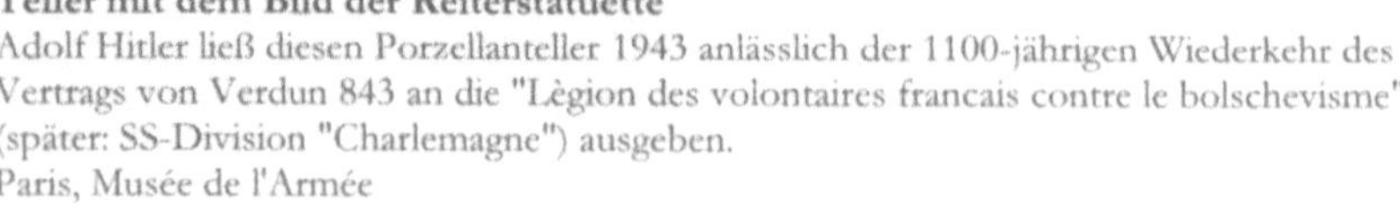

Abb. 28
Teller mit dem Bild der Reiterstatuette
Adolf Hitler ließ diesen Porzellanteller 1943 anlässlich der 1100-jährigen Wiederkehr des Vertrags von Verdun 843 an die "Lègion des volontaires francais contre le bolschevisme" (später: SS-Division "Charlemagne") ausgeben.
Paris, Musée de l'Armée

Max Kerner

Mythos Karl der Große

Einführung: Karl der Große zwischen Geschichte und Gedächtnis. Zur aktuellen Karlsdebatte.

Was haben die Legenden und Mythen der letzten 1200 Jahre nicht alles aus Karl dem Großen gemacht? Die Zeitgenossen priesen ihn als einen großen Herrscher und als den Vater Europas. Das weitere Mittelalter verehrte ihn als idealen König und Kaiser, als Kreuzzugshelden und als heiligen Bekenner. Seit der Neuzeit mischen sich in diese Überhöhungen provokante Urteile, die Karl als machtbesessenen Despoten, als erfolgreichen Bandenchef, als halbgebildeten Analphabeten oder gar als Sachsenschlächter verunglimpfen. Was war Karl der Große aber wirklich? Ein bedeutender Europäer? Ein antimuslimischer Heros? Ein Mustergermane? Wie geht die ältere und die jüngere Geschichtswissenschaft mit solchen Einschätzungen um? Was ist gar von der nachgerade abenteuerlichen These zu halten, Karl der Große habe gar nicht existiert? Fragen über Fragen, die es notwendig machen, den Gedächtnisspuren Karls des Großen von den Anfängen bis zur Gegenwart – von Einhards Karlsbiographie über die Karlsmythen des Mittelalters wie die der Neuzeit bis hin zu den Aachener Zeugnissen der älteren und jüngeren Vergangenheit – ein wenig nachzugehen.

Eine „Wanderstraße der Erinnerung" (Aby Warburg) können auch die bildlichen Darstellungen zu Karl dem Großen belegen und verdeutlichen, beginnend mit der Metzer Reiterstatuette von 870 *(Abb. 26)*, sich fortsetzend in der Karlsfigur des Aachener Karlsschreins um 1200 *(Abb. 17)*, in der Karlsbüste aus der Mitte des 14. Jahrhunderts *(Abb. 20)* und dem Karlsbild Dürers von 1512 *(Abb. 23)*. Ergänzt werden können diese Beispiele durch den Thron der römisch-deutschen Könige in der Aachener Marienkirche (karolingisch, um 800?), die *sedes Karoli*, durch die Wiener Reichskrone (westdeutsch, 10.-12. Jahrhundert), die seit dem Spätmittelalter als *corona Karoli (Abb. 24)* angesehen wurde sowie schließlich durch das Karlssiegel (12. Jahrhundert), das bis zum Ende des Alten Reiches als Aachener Stadtsiegel *(Abb. 16)* verwandt wurde und heute als Bild der Karlspreismedaille benutzt wird.

Diese Erinnerungsgeschichte an Karl den Großen ist im letzten Jahrzehnt immer wieder thematisiert worden – so etwa durch die gelehrte Abhandlung, die Karl Ferdinand Werner 1995 über „Karl den Großen oder Charlemagne", über die deutsch-französische Karlsdiskussion vorlegte, so auch durch das nicht unumstrittene Karlsbuch von Robert Morrissey, Professor für französische Kulturgeschichte in Chicago, über den „Kaiser mit dem Rauschebart", über Charlemagne in der „mythistoire" Frankreichs (1997 bei Gallimard erschienen), so weiter durch die beiden großen Karlsausstellungen in Paderborn 1999 und in Aachen 2000 und so schließlich durch zahlreiche wissenschaftliche Kolloquien, Vortragsreihen und jüngere Karlspublikationen rund um das Jahr 2000.

Zu diesen aktuellen Forschungsbemühungen gehört auch die meisterliche Monographie von Matthias Tischler zu Einhards Karlsvita, zu deren Entstehung, Überlieferung und Verbreitung. Denn diese Vita Karoli – ein gutes Jahrzehnt nach Karls Tod entstanden – gilt nicht nur als „Prototyp mittelalterlicher Herrscherbiographie [und] als Faktenlieferant erster Güte", sondern war auch „ein besonders beliebter Text des Mittelalters, [der] häufig zitiert und fleißig abgeschrieben [wurde]" (B. Schneidmüller). Dies belegt die breite handschriftliche Überlieferung, deren 80 bisher bekannte mittelalterliche Handschriften Matthias Tischler auf gut 120 erhöhen und unterschiedlichen Verbreitungsgebieten in Deutschland und Frankreich zuordnen konnte. „Damit entsteht" – wie Bernd Schneidmüller meinte – „das Bild einer vernetzten europäischen Klerikergesellschaft mit beachtlichen historisch-politischen Interessen, [das Bild] einer Schriftkultur, die zur gelehrten Basis für das Aufblühen des Karlsmythos erwuchs".

Karl der Große als Thema der Gedächtnisgeschichte ist aber keine Erfindung unserer Tage. In den letzten 150 Jahren hat es hierzu immer wieder bedeutsame Arbeiten gegeben – so etwa die Bücher von Gaston Paris (1865) zum literarischen Karlsbild, von Robert Folz (1950/51) zum Karlskult in Literatur und Liturgie, von František Graus (1975) zu den unterschiedlichen politischen, literarischen und kultischen Traditionen Karls des Großen in Frankreich und Deutschland (These: Charlemagne in Frankreich „in erster Linie eine literarische Persönlichkeit, in breiten Kreisen wohl bekannt, jedoch weder ein Heiliger noch ein Repräsentant einer ‚Staatslehre'", also weit entfernt von einem politischen Idealbild, in Deutschland dagegen bedeutender Bezugspunkt einer politischen Karlstradition; vgl. Otto I., Otto III., Friedrich I. Barbarossa) und schließlich von Arno Borst (1967) zum Karlsbild der neuzeitlichen Geschichtswissenschaft.

Andererseits ist das kulturelle Gedächtnis in den letzten Jahrzehnten zu einer Art Modethema der modernen Geschichtswissenschaft geworden. Dazu hat das mehrbändige Sammelwerk des Pierre Nora zum nationalen Gedächtnis Frankreichs („Lieux de mémoire", 1984-1992) entscheidend beigetragen. In Anlehnung an dieses französische Vorbild haben Hagen Schulze von der Freien Universität Berlin und Ètienne François vom Berliner Centre Marc Bloch deutsche Erinnerungsorte zusammengetragen und dafür entsprechende Stichworte vorgelegt. Sie reichen von der „Bildung" bis zur „Zerrissenheit", von den „Dichtern und Denkern" bis zum „Volk" und umfassen mancherlei deutsche Eigenheiten wie „Disziplin", „Gemüt", „Heimat", „Leistung" und „Romantik". Unter diesen vermeintlichen oder wirklichen Stereotypen des Deutschen findet sich auch das Schlüsselwort „Reich", das als Unterthema neben dem „Kampf um Rom", neben „Canossa" und dem „Westfälischen Frieden“, neben „Nürnberg“ und dem „Wiener Heldenplatz“, neben dem „Reichstag“ und dem „Führerbunker“ auch Charlemagne und Karl den Großen assoziiert. Das Karlsthema ist hier zu einem Teil der deutschen Reichstradition geworden, zu einem Selbstbild des Deutschen mit antifranzösischem Akzent, zu einem Gemeinplatz von gestern.

Heute gilt Karl der Große als „der erste Baumeister Europas“ (Fr. L. Ganshof). Als 1965 der Europarat in Aachen eine große Karlsausstellung veranstaltete und auf diese Weise die europäische Einigungsbewegung fördern wollte, tat er dies mit dem Konzept einer „Eurohistorie“, für die Karl der Große als Vaterfigur in Anspruch genommen wurde. Demgegenüber – so der Berliner Mittelalterforscher Michael Borgolte – habe die Mediävistik die europäischen Einschätzungen und Auszeichnungen Karls des Großen stark relativiert – als panegyrische Dichterworte, nicht aber als offiziöse Äußerungen oder gar als urkundliche Wiedergabe des zeitgenössischen Sprachgebrauchs. Borgolte wörtlich: „Wenn manche Historiker [und Politiker] trotzdem heute noch Karl als Vater Europas bezeichnen oder dem großen Franken gar attestieren, für ihn sei Europa schon Realität gewesen, erzählen sie [einen] alten Mythos weiter, ohne die Forschungsentwicklung zu berücksichtigen“. Wird hier kritisches Denken zugunsten eines gesellschaftlichen oder politischen Mythenbedarfs hintangestellt?

Aus dieser bunten „Fama“ und „Memoria“ (O. G. Oexle) Karls des Großen, aus dieser vielfältigen Karlsgeschichte von gestern und heute sollen nunmehr in einem zweiten vertiefenden Teil als drei Beispiele der heilige, der literarische und der ideologische Karl ausgewählt werden, um die unterschiedlichen Lesarten der jeweiligen Zeit herauszuarbeiten: als Karlsbilder und Zeitzeichen zugleich.

Vertiefung: „Gleichsam wie Ansichtskarten“. Zu ausgewählten Karlsbildern von gestern und heute

1. Des Reiches heiliger Gründer. Karlskanonisation und Karlskult im Hochmittelalter

In der Weihnachtsoktav, am 29. Dezember 1165, am Kirchenfest des biblischen Königs David, des Gesalbten des Herrn und Stammvaters Christi, des „Archetypen mittelalterlicher Herrschaft“ (O. Engels) hat Friedrich I. Barbarossa seinen großen Vorgänger zur Ehre der Altäre erhoben. Der damalige (Gegen-) Papst Paschalis III. (1164-68) hatte die Heiligsprechung an den Kölner Erzbischof Rainald von Dassel delegiert. Barbarossas persönliches Interesse war unverkennbar: Karl der Große wurde Teil der staufischen Reichsidee vom *sacrum imperium*, von einer unmittelbar von Gott geschaffenen Weltherrschaft. Wenige Tage später (8.1.1166) ließ Barbarossa der Aachener Marienkirche eine feierliche Urkunde ausstellen. Nach dem Text dieser Urkunde ist Karl der Große ein starker Kämpfer und wahrer Apostel für das Christentum, ja sogar als ein Märtyrer anzusehen, der im Kampf gegen die

Heiden zu sterben bereit war. Eingebunden in diese Barbarossaurkunde ist ein gefälschtes Karlsdekret, ein „Aachener Machwerk" (B. Schneidmüller) aus der Zeit vor 1158, das Aachen zum Haupt und Sitz des Reiches macht (*caput Galliae trans Alpes*), zum Krönungsort der römisch-deutschen Könige und späteren Kaiser. Karl erscheint als der christliche Stadtgründer Aachens (gegenüber den heidnischen Repräsentanten Nero und Granus, auf die Aachens Ursprünge zurückgehen sollen). Für den Bamberger Mittelalterforscher Bernd Schneidmüller ist „die Form der [vom Papst] delegierten Kanonisation, das persönliche Handanlegen Barbarossas bei der Bergung der Gebeine, die politische Stoßrichtung dieses Unternehmens [...] nicht so ungewöhnlich und irregulär wie man früher dachte". Ähnlich hatte Abt Suger von St. Denis zwei Jahrzehnte früher (1144) „die feierliche Erhebung der Gebeine des heiligen Dionysius, des vornehmsten fränkisch-französischen Königsheiligen (mit König Ludwig VII. von Frankreich) inszeniert" (B. Schneidmüller], und ähnlich hatte auch der englische König Heinrich II. 1161 bei der Heiligsprechung König Eduards von England gehandelt. Bernd Schneidmüller wörtlich: „Aus solcher Konkurrenz werden die Aachener Anstrengungen um den eigenen Gründerheiligen erst verständlich. Sie verbanden sich mit den Zielen des staufischen Kaisers, [...] seinen Rang in Europa [...] zu befestigen[...]. Wollte sich das [...] kaiserliche Hegemonialsystem behaupten, so benötigte es Traditionen [und] Zentralorte, akzeptierte Rituale [und] erfahrbare Staatsakte [... und eben] auch politische Heilige aus der Vergangenheit als Bürgen für Gegenwart und Zukunft. Für all das stand der heilige Karl, Begründer des westlichen Kaisertums, Schöpfer von Kirche, Thron und Pfalz in Aachen, ein idealer Herrscher, um dessen Erbe die karolingischen Nachfolgereiche in Ost und West rangen".

Im Umkreis der Heiligsprechung Karls des Großen entstanden in Aachen bedeutende Zeugnisse des Karlskultes: etwa der Barbarossaleuchter (1165/70), ein *signum sanctitatis*, ein Symbol des himmlischen Jerusalem und zugleich (weil über den Gebeinen Karls des Großen schwebend) eine Krone für den heiligen Karl. Hinzu kommen das Armreliquiar Karls des Großen (um 1165 im Maasgebiet, vielleicht auch in Lüttich entstanden) sowie der großartige Karlsschrein (nach 1180 geschaffen), der staufisches Selbstverständnis, stiftische Dankbarkeit und herrscherliche Huldigung miteinander verbindet. In diesen Zusammenhang gehört dann auch jene Aachener Karlsvita, die auf Veranlassung Barbarossas verfasst wurde und Karls Heiligsprechung begründeter erscheinen lassen sollte. In pathetischer Sprache wird hier alles zusammengetragen, was der Tugend- und Wundergeschichte des *piissimus imperator* Karl diente: dessen Verdienste um die Kirche, sein legendarischer Zug nach Jerusalem und Konstantinopel, die von ihm bewirkten Wunder während des Spanienfeldzuges und vieles andere mehr – kurz, ein emphatisches pastorales Zeugnis für den *imperator christianissimus*.

Diese Aachener Karlsvita hat bis in die engere liturgische Karlsverehrung hinein gewirkt – eine Karlsverehrung, die mit ihren Karlsfesten, Karlsoffizien und Karlspredigten zahllose Kirchen und Klöster des Alten Reiches bestimmt hat (allerdings unter Aussparung Bayerns) und die bis weit in die Neuzeit nachzuweisen ist (auch hier mit signifikanten Unterschieden und Schnitten in der Reformationszeit bzw. nach der Säkularisierung, heute nur noch üblich in Aachen und Frankfurt).

Das schönste Zeugnis dieser frommen Erinnerungspflege ist jene Karlssequenz, welche die Stadt Aachen als königliche Stadt, als Hauptsitz des Reiches, als ersten Hof des Königs feierte. Robert Folz hat sie als „einen wahrhaft lyrischen Ausdruck der Heiligsprechung Karls, als ein literarisches Kleinod des Aachener kirchlichen Offiziums, als eine Ode des städtischen Patriotismus" bezeichnet. In Aachen wird sie jährlich beim Karlsfest in doppelter musikalischer Form gesungen: zum einen in der mittelalterlichen Fassung als Zwischengesang zwischen Lesung und Evangelium, zum anderen in einer Fassung des 19. Jahrhunderts am Ende der Karlsmesse. In der letzteren Form ist sie immer auch Teil der Aachener Karlspreisverleihungen.

Entstanden sein dürfte diese Karlssequenz schon bald nach 1165, da ihr frühester Textbeleg in die 70er bis 90er Jahre des 12. Jahrhunderts zurückreicht; überliefert ist sie im sog. Codex Arnoldi, einem liturgischen Gesangbuch, dem Lütticher Graduale, und bekannt ist sie schließlich auch als Bauinschrift des Aachener Grashauses von 1276, die ihre ersten Worte zitiert. Für ihre Entstehung hat man vereinzelt auf eine Verbindung nach St. Viktor in Paris verwiesen, einem hochmittelalterlichen Zentrum der Sequenzliteratur.

Für Paul Lehmann lag das Leitmotiv dieser Karlssequenz in der vierten Strophe dieses Textes: *Hic est Christi miles fortis* („dieser Karl ist Christi tapferer Krieger"). Die Verdienste, die dieser Streiter Christi sich erworben hat, werden aufgezählt: der unbesiegte Heerführer, der Tausende unterworfen hat (Strophe 4), der große Kaiser, der die Ungläubigen bekehrt, die Götzenbilder zertrümmert, die fremden Götter vertrieben (Strophe 5), die stolzen Könige gezähmt hat (Strophe 6). Verehrung – so Paul Lehmann – habe die Feder des Dichters geführt, aber die schwungvollen Striche seien im Hauptzuge trotzdem noch richtig.

Mit der Zitierung der ersten Strophe dieser Karlssequenz sei der Weg zum heiligen Karl, zu dessen Kanonisation als einer persönlich-politischen Schöpfung Barbarossas, als einem Ausdruck der staufischen Reichsidee, als einer Konkurrenz zwischen St. Denis und Aachen, als Ausgangspunkt von Karlsdichtung und Karlskult abgeschlossen:

Urbs Aquensis, urbs regalis,
regni sedes principalis,
prima regum curia.
Regi regum pange laudes,
quae de magni regis gaudes,
Karoli praesentia.

2. Idealherrscher und Gottesstreiter? Zur „Histoire poétique de Charlemagne“

Karl der Große ist in der europäischen Literatur des Mittelalters vielfach vertreten, in den lateinischen Texten genauso wie in den volkssprachlichen Zeugnissen – in den französischen, provenzalischen, deutschen, niederländischen, altnordischen, spanischen, italienischen, ja selbst in den legendarischen Quellen des hebräischen Mittelalters ist er zu finden. Den Anfang und den Hauptanteil bildet hier zunächst das lateinische Schrifttum, das mit dem Aachener Karlsepos und den großen literarischen Zeugnissen des 9. Jahrhunderts – mit Einhard, mit Walahfrid Strabo und Notker von St. Gallen – einsetzt und über die hochmittelalterlichen Karlslegenden eines Pseudo-Turpin (nach 1140) schließlich zu jenen literarischen Karlsdeutungen führt, die bis ins 15. Jahrhundert reichen und die auch liturgische Dichtungen, Hymnen und Sequenzen umfassen, die ihrerseits aus den verschiedensten Brevieren und Offizien stammen.

Unter diesen lateinischen Textzeugnissen findet sich auch eine dunklere Seite des mittelalterlichen Karlsbildes, die die zeitgenössischen Klostervisionäre kurz nach Karls Tod als ein sexuelles Vergehen deuten, die spätere Aegidiuslegende als eine schwere Schuld sehen, die Bild- und Textquellen des Hochmittelalters als Inzest mit Karls Schwester Gisela bzw. als eine mysteriöse Bindung an eine tote Frau betrachten, von der noch Petrarca bei seinem Aachenbesuch 1333 erfahren haben will. Ein erstaunliches Sündenregister (Nekrophilie, Inzest, Ehebruch), das hier zusammenkommt und das den sündigen Herrscher thematisiert sowie in dieser Ausrichtung auch in die volkssprachlichen Texte (Karlamagnussaga um 1250 oder Enikels Weltchronik nach 1276) übergeht.

In den letzteren dominiert jedoch ein anderes Karlsbild: das des *fortis miles Christi*, des tapferen Streiters Christi, das vor allem im altfranzösischen Rolandslied – um 1100 in Nordfrankreich entstanden – verbreitet wird und das Karl den Großen nicht nur zum Gottesstreiter über die heidnischen Feinde der Christenheit, sondern auch zum Gründungshelden der „douce France“ werden läßt. In dieser Chanson de geste wird die militärische Niederlage von Karls glücklosem Spanienfeldzug 778 in den Pyrenäen zu einem großen Sieg umgedeutet, zu einem Triumph des Guten über das Böse, der mit Gottes Hilfe erreicht wurde. Übernommen wird dieses Karlsbild auch in der deutschen Literatur des Mittelalters: in dem 1170 verfassten Rolandslied des Pfaffen Konrad genauso wie in dem ein wenig jüngeren Karlstext Strickers. Hier wie dort wird Karl der Große zu einem Kämpfer für den gerechten Krieg, zu einem von Gott beauftragten Verfechter der guten Sache des Christentums.

Aus all diesen lateinischen wie volkssprachlichen Karlstexten sei hier als näheres Beispiel der lateinische Pseudo-Turpin ausgewählt, der nach 1140 wohl in Frankreich (vielleicht in St. Denis) entstanden ist und mit dem Jakobskult des 12. Jahrhunderts, genauer mit dessen grundlegender Quelle – dem Liber Sancti Jacobi – zusammenhängt. Verfasst ist diese *Historia Karoli Magni et Rotholandi in Hispania*, die spanische Geschichte Karls und Rolands, angeblich vom Reimser Erzbischof Turpin (†794), einem Zeitgenossen Karls und in der literarischen Rolandstradition dessen Begleiter auf dem Spanienfeldzug 778. Da wir den wirklichen Autor nicht kennen, spricht man vom Pseudo-Turpin. Handschriftlich weit verbreitet (etwa 200 Manuskripte. sind erhalten, wichtige Textzeugen auch in der Schweiz: Zürich, Bern, Graubünden, Sitten) - aufgenommen (wie bereits angedeutet) in die Aachener Karlsvita anlässlich der Karlskanonisation und von dort in die Karlsliturgie wirkend - hat diese Historia Turpini das hoch- und spätmittelalterliche Karlsbild weitreichend und nachhaltig beeinflusst: auf den Dachreliefs des Aachener Karlsschreins, im Karlsfenster von Chartres, in den Grandes Chroniques de France oder auch in der Legenda aurea des Jacobus de Voragine.

Einhard hatte einen Nebenbuhler bekommen, der dessen bisher gültiges Karlsbild eines großmütigen und standfesten Herrschers, eines Vorbilds der *magnaminitas* und *constantia* legendarisch umformte und Karl zu einem ritterlichen Heiligen stilisierte. Mit dem historischen Karl des 9. Jahrhunderts hatte dies immer weniger zu tun. Karl war zu einer mythischen Figur geworden, zu einem „Heroen der Imagination und [...] literarischen Phantasie" (W. Röcke), zu einem Gottesstreiter, der Spanien und Galizien von den Mauren befreit, zu einem Heidenbekämpfer und Kirchenstifter, der im Himmelreich einen Platz unter den Märtyrern erlangt hat, ohne den Märtyrertod gestorben zu sein: *Nunc igitur esse illum participem in corona martirum prefatorum credimus, quorum labores illum cum eis sustulisse scimus* („Wir glauben, dass er der Krone der erwähnten Märtyrer teilhaftig geworden ist, deren Mühen er, wie wir wissen, mit ihnen getragen hat").

Die hohe Wertschätzung der Historia Turpini hatte vielleicht auch mit der Herkunft des Textes aus dem Liber Sancti Jacobi zu tun, einer Kompilation von Jakobstexten mit Predigten, Lesungen und Gebeten, mit Wunderberichten, mit den Festtagen des hl. Jakobus, mit einer Translationsgeschichte sowie einem Pilgerführer zu dessen Grab. Als viertes Buch des Liber Sancti Jacobi bzw. des Codex Calixtinus (weil in der ältesten Handschrift Papst Kalixt II. [1119-1124] zugeschrieben) passt es gut zur spanischen Reconquista, zur Wiedergewinnung der durch die Mauren besetzten Gebiete, zur Idee einer bewaffneten Wallfahrt, kurz zu all jenen Ausprägungen, die seit Carl Erdmann als konstitutiv für den Kreuzzugsgedanken herausgearbeitet wurden (Wallfahrts- und Lohngedanke, Sicherung der Pilgerwege, christliche Ritterethik).

Es wird erkennbar, welch weites Feld die Historia Turpini und die darin berichteten „Taten des heiligen Karl in Spanien" (*Gesta beati Karoli in Hispania*) umfassen: die Herkunft aus dem Jakobskult, den Zusammenhang mit der Kreuzzugsidee und Ritterethik, die mögliche Entstehung in Saint Denis, den Transfer in die Aachener

Karlskanonisation und -liturgie. All dies deutet auf eine enge Zusammengehörigkeit des heiligen Jakobus mit dem *beatus Karolus* hin: der eine (Jakobus) hatte den anderen (Karl) zu einem Heiligen, der letztere den ersteren zu einem Europäer gemacht.

3. Vom Sachsenschlächter zum germanischen Europäer – Karl der Große in der NS-Zeit

„Karl den Großen nennt man in den ersten Jahren [nach der Machtergreifung] den 'Sachsenschlächter'. Man sucht jenes undeutsche [...] karolingische Großreich scharf abzugrenzen vom Reich der Sachsenkaiser, in denen ein deutscher Geist geweht habe. Die Sachsen sind der Stamm ‚par excellence'. Ihr Widerstand gegen Überfremdung wird gefeiert, Widukind ist der Held gegen Karl" (K. F. Werner).. Widukind wird zur völkischen Kultfigur, Karl der Große zum undeutschen Feindbild. Erste Belege hierfür gibt es bereits 1933 in einigen NS- nahen Zeitschriften („Germanien" und „Volk und Rasse") sowie bei einzelnen völkischen Autoren. Bei den niedersächsischen Widukindtagen im Sommer 1934 an Widukinds angeblichem Stammsitz Wildeshausen (Oldenbourg), dann in Enger (Westfalen) an der vermeintlichen Grabstätte Widukinds und schließlich in Verden an der Aller (Ort des vieldiskutierten Blutbades 782, bei dem Karl nach dem Bericht der Reichsannalen 4 500 Rebellen hingerichtet haben soll) wurde Widukind von Alfred Rosenberg in Begleitung des Reichsjugendführers Baldur von Schirach zu einer zentralen Figur des völkischen Geschichtsbildes gemacht. Hitler galt als Reinkarnation des Sachsenführers und die 4 500 hingerichteten Sachsen als Vorbild für die NS-Kämpfer. Hinzu kamen die Schulungsbriefe der NSDAP, die Schulungskurse des NSLB, das 1934 eröffnete Berliner Institut für politische Pädagogik sowie eine Vielzahl von Widukinddramen und -romanen, die einen solchen Widukindkult noch verstärkten: Widukind als Verteidiger der germanischen Freiheitswerte, Karl dagegen als deren blutiger Unterdrücker.

Fragt man nach den geistigen Wurzeln einer solchen Entwicklung, wird man auf eine lange Ahnenreihe verwiesen: auf Alfred Rosenberg als den selbsternannten NS-Chefideologen und dessen „Mythus des 20. Jahrhunderts" (1930), auf völkische Autoren der Weimarer Zeit (W. Teudt, A. v. Hoffmann, H. Grimm), auf Heimatdichter vor dem Ersten Weltkrieg (H. Löns, H. Fr. Blunck), auf die Publizistik des Wilhelminischen Reiches und hier nicht zuletzt auf den Arierhymnus des Houston Steward Chamberlain („Grundlagen des 19. Jahrhunderts", 1899).

Die Fachwelt reagierte auf diese Attacke gegen Karl den Großen und die Karolinger mit einer wissenschaftlichen Diskussion innerhalb der engeren Zunft, mit mancherlei quellenkritischen Korrekturen zum sog. Blutbad von Verden an der Aller, zur Rolle Widukinds bei den Sachsen, zur inhaltlichen Bewertung von Karls Sachsenkriegen. Die bekannteste wissenschaftliche Arbeit aus dieser Zeit ist die Streitschrift von 1935 über „Karl den Großen oder Charlemagne". Hierbei handelte es sich um die „acht Antworten deutscher Geschichtsforscher" – so der Untertitel – zur „weltgeschichtlichen Leistung" des Frankenherrschers, zu dessen Kampf gegen die Sachsen und zu den damit verbundenen Anklagen gegen Karl, „die zuerst im Zeitalter der französischen Aufklärung von Voltaire ausgesprochen wurden" (Vorwort). Im einzelnen behandeln „um der Wahrheit willen" und „nicht minder um Deutschlands willen" Karl Hampe (Heidelberg) die Persönlichkeit Karls, Hans Naumann (Bonn) dessen germanische Art, Hermann Aubin (Breslau) die Herkunft der Karolinger, Martin Lintzel (Kiel) die Sachsenkriege, Dietrich Baethgen (Königsberg) die Ostfront, Albert Brackmann (Berlin) Karls Kaisertum, Carl Erdmann (Berlin) den Namen „Deutsch" und schließlich Wolfgang Windelband (Berlin) Charlemagne in der französischen Außenpolitik mit der These, dass der französische Karlskult und der literarisch-legendarische Karl als ideologischer Kern französischer Ausdehnungspolitik anzusehen sei. Was sich dabei insgesamt ergibt, betrifft ein gemischtes Karlsbild: Karl der Große erscheint als ein „von irgendeiner Romanisierung noch gänzlich unberührter Germane" (K. Hampe), als Vorläufer Martin Luthers und der deutschen Christen, als antifranzösischer Held.

Diese populäre Streitschrift von 1935 ist immer wieder hoch gelobt worden: als eine Glanztat der deutschen Historiographie, als ein respektabler fachwissenschaftlicher Versuch gegen die verantwortungslose NS-Publizistik (G. Tellenbach), als eine nationale Ehrenrettung Karls (A. Borst). Sie ist über weite Strecken „eine mutige Tat" (C. Brühl), wenn auch manche Ausführungen über die Ostfront als eher „peinlich" bzw. über Karls germanische Art als nachgerade „unerträglich" anzusehen sind.

Nachdem Adolf Hitler den völkischen Widukindträumereien bereits auf dem 7. Parteitag der NSDAP in Nürnberg im September 1935 eine unmissverständliche Absage erteilt hatte, wurde Karl der Große ab 1937 zunehmend zum Germanen und ersten Deutschen aufgebaut. Mit Kriegsbeginn wird diese Tendenz noch stärker. Bekannt ist etwa die Propagandaausstellung „Deutsche Größe" (1940), die unter der Schirmherrschaft des Reichsministers Rudolf Heß von der Dienststelle des Führerbeauftragten für die Überwachung der gesamten geistigen und weltanschaulichen Schulung und Erziehung der NSDAP veranstaltet wurde. Gedacht als zentrales Propagandamittel der europäischen Vorherrschaft des NS-Deutschlands wurde sie am 8. November 1940 in München eröffnet. Auch hier wurde Karl der Große als germanischer Held und als Gründerpersönlichkeit gezeigt.

Diese Linie lässt sich fortsetzen: 1942 mit der 1 200. Wiederkehr von Karls (vermeintlichem) Geburtsjahr (vgl. den Sonderstempel der Reichspost, *Abb. 27*), mit der Division Charlemagne, einer Einheit französischer Freiwilliger auf dem Russlandfeldzug (vgl. den Zierteller der Porzellanmanufaktur von Sèvres, *Abb. 28*) und ab 1943 mit den SS-Schulungsheften und Tagungen in der Sonthofener Ordensburg oder in der Junkerschule von Bad Tölz, die alle Hitler als einen *Defensor Imperii*

Caroli Magni auswiesen bzw. Karl den Großen als einen germanischen Herrscher, der alle Germanenländer des Festlandes zusammengefügt und damit aus germanischer Kraft die erste politische Ordnung Europas geschaffen habe, in der Deutschland die europäische Führung zugefallen sei.

Was ergibt sich aus all diesen Hinsichten und Einzelbelegen als Fazit der Überlegungen zum Karlsbild der NS-Zeit? Für die Anfänge der NS-Herrschaft, für die Jahre 1933-1935 ist Karl der Große ein „verwelschter Despot", ein Feind deutscher und germanischer Art, ein Sachsenschlächter, der das nordische Sachsenvolk bekämpfte und gewaltsam zum Christentum bekehrte, „ein verhängnisvoll eifriger Römling" (Chamberlain), der abgelehnt wird wegen der Internationalität seines Hofes, wegen seines christlichen Glaubens, wegen christlich-antiker Fremdüberlagerung, wie es die NS-Ideologen formulierten. Nach 1935 wird Karl zum germanischen Recken und mit Kriegsbeginn zum Begründer Deutschlands und seiner Vorherrschaft in Europa, zum germanischen Europäer.

Die Fachwissenschaft begleitete diese Entwicklung mit mancherlei Korrekturen und Klärungen, ja sogar mit einigen mutigen Protesten, aber auch mit verschiedenen Irritationen, Peinlichkeiten und Anfälligkeiten. Karl der Große stand allerdings hier wie dort nicht unbedingt im Zentrum der verschiedenen Aktivitäten; er diente als Bezugsgröße, als Folie, als Gegenbild. Weder hat Hitler – so Matthias Pape, Bonner Neuhistoriker – einen besonderen Karlskult betrieben noch wurde ein solcher publizistisch gepflegt. „Die Gestalt und das Leben Karls boten, so scheint es, nicht genügend Ansatzflächen, um den Kaiser vollständig in das NS-Geschichtsbild zu integrieren; seine politische Indienstnahme ist deswegen begrenzt gewesen. [Und] umso leichter ließ sich [deshalb] nach 1945 an den christlichen Kaiser Karl anknüpfen".

Ausblick: Hat Karl der Große noch eine Zukunft?

Heute sind die „Ansichtskarten Karls", die hier vorgestellten wie die vielen hier übergangenen, weithin verblasst. „Man streitet sich nicht mehr über die nationale Praerogative ‚Karl oder Charlemagne', [man] stört sich nicht sonderlich an der nationalsozialistischen Kampagne gegen den ‚Sachsenschlächter' und [man] fragt nicht mehr nach der Legitimität der Heiligsprechung des kriegerischen Karl mit seinen vielen Lebensabschnittsgefährtinnen" (A. Sterzl).

Andererseits ist der Karlsmythos etwa für die Franzosen – so hat es der Pariser Mittelalterforscher Michel Parisse einmal formuliert – wichtiger als die historische Figur. Der legendäre Charlemagne habe sich längst von seiner historischen Gestalt getrennt. So gebe es inzwischen einen Karl für das Volk und einen für die Historiker.

Ob allerdings Karl der Große in der europäischen Gedächtniskultur auch weiterhin eine „lebendige Vergangenheit" haben wird, steht dahin. František Graus hat dies bereits 1975 bezweifelt. Karl der Große, der nach 1945 im Sprachgebrauch der Politiker und Journalisten zum Vater des Abendlandes geworden sei, unter dessen Namen die Stadt Aachen jährlich den Karlspreis für europäische Dienste verleihe und der heute immer wieder als großer Europäer stilisiert werde, bleibe – wenn nicht alles trügt – als europäisches Symbol wahrscheinlich genauso farblos, wie er es in den vorangegangenen Rollen gewesen ist, die ihm zugedacht wurden. Den Kaiser „in ein lebensfähiges Symbol" zu verwandeln, dürfe schwer sein.

Als der Bayreuther Mediävist Peter Segl auf dem Leipziger Mittelalter-Symposium 1999 seinen öffentlichen Schlussvortrag über „Karl den Großen im Deutschen Bundestag" hielt, musste er feststellen, dass Karl der Große sowohl in der sog. Ära Adenauer und erst recht danach „kein besonders häufig gesehener Gast" im Bundestag war und schon gar nicht ein „Ehrengast". Selbst diejenigen, die seine „karolingische Vision" in den 50er Jahren zu verwirklichen suchten, „wollten meist lieber nichts mit ihm zu tun haben und distanzierten sich von ihm", ganz zu schweigen von denjenigen, die ihn „als Buhmann, als Schreckgespenst, für etwas [benutzten], wovor sie sich fürchteten: die zu enge und zu schnelle Westbindung des neuen staatlichen Provisoriums, die dessen Wiedervereinigung mit dem östlichen Teil Deutschlands und den Zusammenschluss Europas [unter Einbeziehung des ganzen Ostens] zu gefährden schien". „Karl der Große mit seinem langen Bart" (F. Erler) schien für die deutsche Politik – wie sich der damalige Partei- und Fraktionsvorsitzende der SPD Erich Ollenhauer ausdrückte – „kalter Kaffe" geworden zu sein.

Angesichts einer solch eher dürftigen Karlsmemoria (Frankreich vielleicht ausgenommen) wird man sich fragen müssen, ob und wie Karl der Große als Schlüsselfigur der europäischen Geschichte im Bewusstsein künftiger Generationen weiterleben wird. Die politische und kulturelle Entwicklung Europas wird dies entscheiden. Sich für eine europäisches Karlsbild einzusetzen – etwa mit Symposien und Ausstellungen wie beispielsweise hier und heute in Berlin – bleibt jedenfalls wichtig und grundlegend zugleich. Denn Zukunft ist immer auch Herkunft.

Räsonierende Bibliographie

Der vorliegende Vortrag ist eine Zusammenfassung weiter Teile meines Buches über die Entschleierung des Karlsmythos: M. Kerner, Karl der Große. Entschleierung eines Mythos, Köln u.a. 2000; für die näheren Einzelheiten und weiterführenden Überlegungen ist auf die dortigen Hinweise und Belege zu verweisen. Besonders herausgestellt sei auch der Aufsatz von B. Schneidmüller, Sehnsucht nach Karl dem Großen. Vom Nutzen eines toten Kaisers für die Nachgeborenen, GWU 51 (2000), S.284-301 (Zitate S.289, S.294, S.297f.). Schließlich enthält der kürzlich erschienene Zeitschriftenband des Aachener Geschichtsvereins eine Vielzahl wichtiger Beiträge zum Nachleben Karls des Großen in Geschichte, Kunst und Literatur (ZAGV 104/105, 2002/03; darin auch M. Kerner, Die politische Instrumentalisierung Karls des Großen im 19. und 20. Jahrhundert, S.231-276). Ebenso bedeutsam sind die Einzelstudien in dem jüngst publizierten Sammelband zu „Jakobus und Karl der Große. Von Einhards Karlsvita zum Pseudo-Turpin", hg. v. Kl. Herbers (Jakobus-Studien 14), Tübingen 2003; diese behandeln den heiligen und literarischen Karl, dessen Heiligsprechung 1165 sowie das französische Rolandslied, den lateinischen Turpin, den Vergleich mit Einhards Karlsvita und schließlich die Wirkungsgeschichte des literarischen Karlsbildes im späteren Mittelalter.

Die im Text genannten Autoren und deren Arbeiten seien in der Abfolge ihrer Nennung bibliographisch näher aufgelistet: K. F. Werner, Karl der Große oder Charlemagne? Von der Aktualität einer überholten Fragestellung (SB München 4), München 1995; R. Morrissey, L'empereur à la barbe fleurie. Charlemagne dans la mythologie et l'histoire de France, Paris 1997; M. Tischler, Einhards Vita Karoli. Studien zur Entstehung, Überlieferung und Rezeption (MGH Schriften 48), Hannover 2001; G. Paris, Histoire poétique de Charlemagne, Paris 1865; R. Folz, Le souvenir et la Légende de Charlemagne dans l'Empire germanique médiéval, Paris 1950; Fr. Graus, Lebendige Vergangenheit. Überlieferung im Mittelalter und in den Vorstellungen vom Mittelalter, Köln u.a. 1975 (Zitat S.191); A. Borst, Das Karlsbild in der Geschichtswissenschaft vom Humanismus bis heute, in: W. Braunfels (Hg.), Karl der Große. Lebenswerk und Nachleben, Bd.4, Düsseldorf 1967, S.364-402; P. Nora (Hg.), Les Lieux de mémoire, 7 Bde., Paris 1984-1992; H. Schulze u. E. François, Deutsche Erinnerungsorte, München 2001; M. Borgolte, Historie und Mythos, in: M. Kramp (Hg.), Krönungen. Könige in Aachen. Geschichte und Mythos, Bd.2, Mainz 2000, S.839-846 (Zitat S.842); R. Folz, Etudes sur le Culte liturgique de Charlemagne dans les églises de l'Empire, Paris 1951 (frz. Zitat S.121); P. Lehmann, Das literarische Bild Karls des Großen vornehmlich im lateinischen Schrifttum des Mittelalters, in: ders. (Hg.), Erforschung des Mittelalters. Ausgewählte Abhandlungen und Aufsätze, Bd.1, Stuttgart 1941, S.154-207 (Bezug S.182); K. F. Werner, Das NS-Geschichtsbild und die deutsche Geschichtswissenschaft, Stuttgart u.a. 1967 (Zitat S.39); K. Hampe (Hg.), Karl der

Große oder Charlemagne? Acht Antworten deutscher Geschichtsforscher, Berlin 1935; M. Pape, Der Karlskult an Wendepunkten der neueren deutschen Geschichte, HJb 120 (2000), S.138-181 (Zitat S.166); A. Sterzl, Des Königs Vermächtnis an Europa, Die politische Meinung. Monatsschrift zu Fragen der Zeit 45 (2000), S.89-92 (Zitat S.89); P. Segl, Karl der Große im Deutschen Bundestag, Das Mittelalter 4 (1999), S.75-94 (Zitate S.88f.).

Das lateinisch-deutsche Zitat aus der Schlusspassage der „Historia Turpini" ist entnommen aus deren Edition im Rahmen des sog. Jakobsbuches (Liber Sancti Jacobi, ed. Kl. Herbers/M. Santos Noia, Santiago de Compostela 1998, S.226) bzw. dem Text der Aachener Überlieferung (H.-W. Klein, Die Chronik von Karl dem Großen und Roland: der lateinische Pseudo-Turpin in den Handschriften aus Aachen und Andernach, Beiträge zur romanischen Philologie des Mittelalters 13, München 1986, S.128f.). Der Zitattitel des Hauptteils „gleichsam wie Ansichtskarten" ist der Studie von J. Fried, Wissenschaft und Phantasie. Das Beispiel der Geschichte, HZ 263 (1996), S.315 entlehnt.

Die eingangs im Text erwähnten Karlsausstellungen in Paderborn 1999 und in Aachen 2000 sind in entsprechenden Katalogen dokumentiert: Chr. Stiegemann u. M. Wemhoff (Hg.), 799 – Kunst und Kultur der Karolingerzeit. Karl der Große und Papst Leo III. in Paderborn, 3 Bde., Mainz 1999 und M. Kramp (Hg.), Krönungen. Könige in Aachen. Geschichte und Mythos, 2 Bde., Mainz 2000. Von den wissenschaftlichen Kolloquien rund um das Jahr 2000 seien hier die beiden folgenden Sammelbände zitiert: F.-R. Erkens (Hg.), Karl der Große und das Erbe der Kulturen, Berlin 2001 und P. Godman u.a. (Hg.), Am Vorabend der Kaiserkrönung. Das Epos „Karolus Magnus et Leo papa" und der Papstbesuch in Paderborn 799, Berlin 2002.

Zum Autor:

Prof. Dr. Max Kerner
Geboren 1940 in Geilenkirchen. Studium an der Universität Köln, 1969 Promotion zum Dr. phil., 1974 Habilitation. 1980 Professur für Mittlere und Neuere Geschichte an der RWTH Aachen. 1982-1984 Dekan der Philosophischen Fakultät. 1986-1991 Mitglied des Rektorats; seit 1986 Sprecher des Forums Technik und Gesellschaft sowie bis 1999 Vorsitzender des Außeninstituts der RWTH Aachen. 2000 verantwortlich für den Historikertag in Aachen.. Vorsitzender des wissenschaftlichen Beirates der Ausstellung "Könige in Aachen - Geschichte und Mythos" (Aachen, 2000). Seit WS 2002/03 Senatsvorsitzender der RWTH Aachen.

Zahlreiche Veröffentlichungen zur Geschichte des Mittelalters, darunter:
Studien zum Dekret des Bischofs Burchard von Worms, Aachen 1971; Johannes von Salisbury und die logische Struktur seines Policraticus, Wiesbaden 1977; Ideologie und Herrschaft im Mit-

telalter, hg. v. M. Kerner, Darmstadt 1982; Karl der Große - Persönlichkeit und Lebenswerk, in: Karl der Große und sein Schrein in Aachen, hg. v. H. Müllejans, Aachen 1988, S. 13-36; Die Institutio Traiani und Johannes von Salisbury, ein mittelalterlicher Autor und sein Text, in: Die Institutio Traiani. Ein pseudo-plutarchischer Text im Mittelalter. Text - Kommentar - zeitgenössischer Hintergrund, hg. v. H. Kloft u. M. Kerner (=Beiträge zur Altertumskunde 14), Stuttgart 1992, S. 93-124; Der verschleierte Karl. Karl der Große zwischen Mythos und Wirklichkeit, hg. v. M. Kerner, Aachen 1999; Karl der Große. Entschleierung eines Mythos, Köln 2000.

An ein breiteres Publikum richten sich die beiden Sammelbände zu Umberto Ecos Geschichtsromanen: „... eine finstere und fast unglaubliche Geschichte? Mediävistische Notizen zu Umberto Ecos Mönchsroman „Der Name der Rose" (1988) sowie „Welt als Rätsel und Geheimnis? Studien und Materialien zu Umberto Ecos „Foucaultschem Pendel" (1996).

In seiner Funktion als Sprecher des Forums Technik und Gesellschaft gibt er die Reihe "Aachener Studien zu Technik und Gesellschaft" heraus, in der inzwischen folgende Bände (auch mit eigenen Beiträgen) erschienen sind:
Technik und Angst. Zur Zukunft der industriellen Zivilisation (Aachener Studien zu Technik und Gesellschaft 1), Aachen 1997^{2}; Aufstand der Laien. Expertentum und Demokratie in der technisierten Welt (Aachener Studien zu Technik und Gesellschaft 2), Aachen 1996; Der vernetzte Mensch. Sprache, Arbeit und Kultur in der Informationsgesellschaft, Aachen 1999; Der künstliche Mensch. Körper und Intelligenz in Zeiten ihrer technischen Reproduzierbarkeit, Köln 2002; Technik Welt Kultur. Technische Zivilisation und kulturelle Identitäten im Zeitalter der Globalisierung, Köln 2003

Adolf Muschg

Karl der Große - Kleineuropa?

Aus Anlass des Erscheinens seiner Figur im Deutschen Historischen Museum

„Das Heilige Römische Reich" - Karl der Große gilt als sein Gründer oder Wiederbegründer, dank der ihm - so seine eigene Legende - vom Papst Leo 800 nach einem Gottesdienst in Rom unverhofft aufgedrängten Kaiserkrone. Mit dieser Inthronisierung beginnt im Abendland etwas Neues, wobei das Neue in der Kombination altehrwürdiger semantischer Elemente besteht. „Reich", und „heilig" - ich möchte, bei der Gelegenheit der Übergabe seiner Statue (bzw. ihrer Kopie) aus dem Kloster St. Johann zu Müstair an das Historische Museum in Berlin über diese schweren Wörter etwas meditieren, historisch, aktuell, auch privat. Und beginne also nicht mit der Vermutung, wie ein Mensch des Mittelalters diese Chiffren gedeutet haben mag, sondern mit dem Hautgoût, den sie für mich selbst besaßen - schon als Kind, und später als Gymnasiast.

Mit der Schulzeit verbinde ich nämlich die Erinnerung an eine andere Statue Karls des Großen, derjenigen am Südturm des von ihm gegründeten Zürcher Großmünsters. Da sitzt die bereits spätgotisch aufgeputzte Figur eines Bilderbuch-Kaisers, der unser Lehrer nachsagte: wenn er von den Türmen elf Uhr läuten höre, so werfe er Weggli - das ortsübliche Feinbackwerk - zu den Wartenden herunter. Natürlich glaubten wir schon damals nicht an diesen Schnack, aber ich erinnere mich an das schale Gefühl, das seine Begründung bei mir hinterließ: die Weggli blieben nur deshalb aus, weil eine Steinfigur natürlich nicht h ö r e n könne. An dieser Pointe war etwas, was ich noch dümmer fand als die Erwartung, mit welcher der Witz spielte - nicht einmal „die Auflösung einer gespannten Erwartung in nichts", wie Kant die Komik definiert hat, sondern gewissermaßen in weniger als nichts: eine unsäglich banale Form der Rationalität. Ich hatte das dunkle Gefühl, dass sie Karl dem Großen nahe trat: sein Bild war nicht dazu geschaffen, leibhaftige Ohren zu haben, bzw. nicht zu haben, sondern eine Welt - eine sagenhaft umfassende - zu repräsentieren. Diese verband ich damals automatisch mit dem glanzvollen Wort „Reich" - wahrscheinlich, weil es durch das noch im Rausch kommender Weltherrschaft prangende Dritte Reich so hoch geladen war, mit Furcht, Abscheu - und Faszination. Diese holte mich dann, merkwürdigerweise, in der Pubertät ein, als der Hitler-Spuk schon vorbei war. In einer Gruppe verschworener Freunde ließ ihn unsere ungesättigte Phantasie wieder aufleben: aus der Gründung eines „Frauenmörderklubs" ging zwanglos eine Zelle quasi nachgebräunter Welteroberer hervor und beugte sich, bei verschlossenen Türen, über den

Atlas mit der Europakarte, um sie in einem virtuellen Feldzug mit roten Köpfen und - ganz im Sinne der argen Vorbilder - „heißen Herzen" zu korrigieren.

Die Scham, mit welcher ich dieser Episode gedenke, erspart mir nicht ganz die Einfühlung in die Phantasien heutiger Jung-Nazi, die sich für das, was ihnen heilig sein soll, am liebsten in den am meisten verbotenen Zonen bewegen. Ihre unappetitlichen Inszenierungen haben mit realer Geschichte nichts, um so mehr mit der Realität ihrer Kompensationsbedürfnisse zu tun. Aber auch diese vermag die Wahrnehmung, so weit sie es nicht auf deren Vermeidung anlegen, gar nicht wenig ins Unmenschliche zu verbiegen. Eine der Quellen unserer pseudokriminellen Energie war denn also „das Reich" angeschrieben - ein Wort, das die Goebbelssche Propaganda ins Obszöne gewendet hatte. Und ich erinnere mich ungern, aber wohl oder übel, an den schrillen Ton frisch gebrochener Stimmen, mit denen wir uns einen Satz wie diesen vorsagten. „Wir gehen in diesen Krieg wie in einen Gottesdienst".

Da war es, das Heilige, im Ton grässlichen, aber bewussten Missbrauchs. Aber noch als diese Phase längst ausgestanden war, liefen mir bei bestimmten Versen meines herrischen Lieblingsdichters Stefan George Schauer über den Rücken: „Da trat ein Mann aus grauem Vorstadthaus / Und rettete, was noch zu retten war: das Reich." Wer war mit diesem Retter gemeint? Der Sozialdemokrat Ebert gewiss so wenig wie der greise Hindenburg, mit dem sich das Bild eines kleinbürgerlichen Reihenhauses schwer vereinbaren lässt - aber Hitler konnte es auch nicht sein, denn dem „Dritten Reich" hatte der Dichter des „Neuen Reiches" durch seine Emigration ins Tessin die Reverenz verweigert, eindeutiger, als sie Ernst Jünger in seinen „Marmorklippen" verweigert haben wollte. Und doch: die Vibration dessen, was später verschämt „Ungeist" heißen sollte, war in diesen steilen Äußerungen unverkennbar, und auch mit Zwanzig bedeuteten sie mir noch viel. Die Phantasie, im Dienste der wahren, der einzigen, der heiligen Ordnung ein Waffenträger zu sein, lag erschreckend lange in der Luft, die ich atmete, ich hielt sie für besonders rein, und war außerstande, den Mief des Ressentiments, die schlechte Verdauung der sozial oder psychologisch Enterbten zu riechen.

Ich rede also von etwas mir durchaus Unbehaglichen, wenn ich von Gebrauch und Missbrauch des Heiligen in der Politik zu reden versuche und ein Zauberwort wie „Reich" auf etwas wie Gehalt abklopfe. Ich bin mir bewusst, dass es sich um einen Blindgänger handelt, eine Zeitbombe, die jederzeit wieder scharf werden kann. Der Stand der historischen Unschuld, in dem sich diese Wörter um 800 noch befunden haben müssen, ist uns nicht mehr erreichbar: als rückwärts gewandte Propheten erkennen wir im Geist der Zeiten, in dem wir uns bespiegeln wollen, wohl oder übel viel von unserem eigenen Geist. Und vermögen etwa in der gewaltsamen Unterwerfung der Sachsen unter das Christentum jene Größe nicht mehr ungetrübt zu sehen, welche die fromme Legende - und ihr Nachfolger, die bildungsbürgerliche Andacht - dem Täter zugeschrieben haben. Schon im Begriff des „Römischen Reiches", das Karl weniger erneuerte, als für sein Imperium usurpierte, steckt ein Stück Anmaßung - denn dieses Reich, mit der Hauptstadt Konstantinopel, gab es ja schon, sein Corpus Juris war in klassischem Latein verfasst, und seine Kaiser beanspruchten unverändert die alleinige Souveränität für das ganze römische Kaiserreich, dessen Teilung sie überlebt hatten, aber auch den Anspruch auf die Universalität und Heiligkeit ihres Imperiums. Damit ihn der Bischof von Rom durch sein Gegen-Patriarchat erfolgreich bestreiten konnte, war ihm ein starker weltlicher Arm nötig - und ebendiesen lieh ihm der große Frankenkaiser, wobei die Frage, wer hier wem etwas zu verleihen hatte, durchaus noch nicht zugunsten der geistlichen Gewalt entschieden war. Der Papst brauchte diesen Kaiser mehr als der Kaiser ihn, und Karls Selbstherrlichkeit zeigte sich auch daran, wie er die Kultur seiner Zeit verstand und förderte: noch war sie durchaus kein klerikales Monopol. Viel eher kann man sein Aachen einen - wenn auch etwas barbarischen - Musenhof nennen, und mit seinem Selbstverständnis als Nachfolger des Augustus verband er auch ein Stück raue Liberalität und wusste dem Eigensinn von Kunst und Wissenschaft etwas abzugewinnen. In gewissem Sinn war seine Schola Palatina der Vorgänger dieser Akademie. Sein Reich genierte sich nicht, von dieser Welt zu sein, und so wenig er Heiligkeit für seine Person beanspruchte - er sollte der Heiligsprechung dennoch nicht entgehen - so selbstverständlich verband er in seinem Amt Imperium und Sacerdotium. Er brauchte sein „Römisches Reich" noch nicht mit dem Attribut „heilig" auszustatten. Das war schwächeren Nachfolgern vorbehalten, die es nötiger hatten, Autorität zu borgen. Für Karl gab es sogar in seiner Amtspflicht als Heidenbekehrer Raum für realpolitische Gnade, wie gegen seinen Erzwidersacher Widukind. Er selbst bestimmte die Grenzen, in denen er sein Imperium mit dem Heiligen Stuhl teilte, und er behielt die Investitur der Bischöfe ebenso in der Hand, wie er die Bildung, die er für geboten hielt, vom Thron, nicht nur vom Altar her definierte.

Selbstverständlich war er - obwohl er einen germanischen Dialekt sprach - auch kein *deutscher* Kaiser. Vom Zusatz „heiliges römisches Reich deutscher Nation" sind wir noch ein halbes Jahrtausend entfernt. Genau so wenig verstand er sich als „europäischen" Herrscher - mit solchem Humanistenschnack hätte er noch gar nichts anzufangen gewusst. Die Welt in seinem Kopf hatte mit der unseren nur das Gröbste der Topographie gemein, und auch dieses war immer auf dem Hintergrund einer heilsgeschichtlichen Topologie zu lesen, denn nur dieser kam eigentliche Wirklichkeit zu. Dennoch ließ sich in dieser doppelt belichteten Welt handfest leben, irdische Bedürfnisse waren noch nicht disqualifiziert, in der karolingischen Plastik kehrte auch - wie Figura zeigt - die seit der Antike abgedankte leibliche Dreidimensionalität zurück. Mochte die Welt für Theologen eine durchsichtige Allegorie sein, für die tägliche Lebenshaltung blieb sie eine ungangbare Wildnis, der nur mit entsprechendem Werkzeug beizukommen war. Die Ordnung der Dinge, wie sie sein sollten, deckte den Zustand, in dem sie sich zu erkennen gaben, keineswegs zu: und im Alltag können die Fälle, in denen man diesen zur Richtschnur seines Handelns machen musste, nicht weniger gewesen sein als heute. Aber wenn man sich die Freuden des Lebens durch die Religion nicht verkürzen ließ, für seine Leiden, die Erfahrung seiner Gebrechlichkeit, war sie unentbehrlich. Da war es ein Trost, dass die eigene Lebensgeschichte vorgezeichnet blieb in einer gültigen Heilsgeschichte, und der Tod war kein letztes Ding. Das karolingische Imperium besaß eine Stellung, die, anders als das römische, in ihrem Kern nicht pragmatisch, sondern chiliastisch begründet war, der Kaiser war der Hirte der Völker, der sie zum vorletzten Gefecht mit dem Antichrist sammelte, bevor das Letzte durch den Erzengel Michael entschieden wurde - vor dem Schlussakt des Jüngsten Gerichts. Als Organisation von Menschen war das Reich von dieser Welt und hatte Teil an ihrer Sündenverfassung; als Ordnungsmacht aber war es ein Spiegel und Werkzeug von Gottes Allmacht, hatte Teil an seinem Heilsplan und trug zu dessen Erfüllung bei. Um die zeitlichen Dinge gottgefällig zu regeln, musste das Fundament des Imperiums ewig sein, auch wenn man es nicht mit leiblichen Augen sah.

Hier liegt, denke ich, der perennierende Zauber des Wortes „Reich“, darin lag er für mich als Jugendlichen. Es ist nicht nur von dieser Welt, in der man sich weder geborgen noch zuhause fühlt. Dafür hat es Teil an einer verborgenen Allmacht und verleiht solche, wenigstens in der Phantasie. Dazu gesellt sich der Reiz des Verborgenen: es ist ein Schatz, den nicht jeder findet; man muss erwählt sein, dann aber verleiht er einem, halb Talisman, halb Tarnkappe, magische Kräfte. Der sogenannte Reichsgedanke lebt von Ingredienzien, die *high* machen können. Im Kern ist es gar kein Gedanke, sondern rettet eher vom Nachdenken über eine vergleichsweise platte oder kränkende Realität, und die eigene vergleichsweise unbeträchtliche und jedenfalls unsichere Stellung in ihr. Was soll's : man gehört einem Orden an, der alles richten, das Ganze wenden wird. Wer immer der Mann war, der aus Georges „grauem Vorstadthaus“ trat, was er zu retten hatte, ist deutlich: das Rettende selbst, schnöder gesagt: den Dispens vor individueller Verantwortlichkeit, den erlaubten - ja gebotenen - Verzicht auf eine selbständige Lesart der Welt. Dass wir als Pubertierende für diesen Dienst dankbar und anfällig waren, erstaunt auf den ersten Blick: aber in jenem Alter entspricht bekanntlich der Behauptung der Selbständigkeit noch keine solide Erfahrung. Diese wird viel eher, und mit einigem Grund, als narzisstische Kränkung gefürchtet, vor der man in die Phantasie eines erlösenden Kollektivs ausweicht. Wie nötig einem diese Flucht sein muss, lässt sich aus der Heftigkeit, ja Gewaltbereitschaft schließen, welche die Flüchtlinge an den Tag legen können. Mit der Unterordnung unter einen Führer demonstrieren sie - und dementieren zugleich in gebotener Großartigkeit - dass die bestehende Ordnung sie verletzt. Da man in ihr nicht genügt, darf sie einem nicht genügen. Aus dem: „ich könnte, wenn ich wollte“, mit der man sich verschleiert, dass man noch gar nicht richtig wollen kann oder zu können wagt, wird dann ein angeblich bedingungsloses „Führer, befiehl - wir folgen“. Die verschwiegene Bedingung ist aber, dass man „draußen“ nicht leben kann, darum die Suche nach dem Pferch, dem rettenden Bund. Wie viel größer und stolzer ist es dann, statt Angst zu haben, selbst solche zu verbreiten und ein bisschen Terror zu machen.

Das „Reich“, von dem ich mich so gerne blenden ließ und das ich heilig hielt, war eine psychologische Größe, und, als Größe, eine eingebildete. Und doch knüpfte ich damit - wie unsere fatalen Lektüren verraten, zu denen auch eine rechtsradikale Postille mit dem Titel „Nation Europa“ gehörte, an historische „Bewegungen“ an, deren Kern die Leere, deren Triebkraft das soziale Defizit war und die dem Trauma des Opfers nur dadurch entgingen, dass sie Geschichte und Epoche „machten“. Eine solche Epoche war gerade zur Hölle gefahren, aber der Sog ihres Untergangs bildete ein willkommenes Vakuum in unseren Köpfen. Die Kriegsverbrecher erschienen in luziferischer Beleuchtung, sie waren die Märtyrer einer Inszenierung, die sie selbst mit ihren merkwürdig willenlosen Völkern veranstaltet hatten. Diese nihilistische Götterdämmerung weckte ein fatales Echo in armen Seelen, die sich nach Pathos und Passion sehnten, um dem schlimmsten Verdacht zu entgehen: dem der eigenen Unbeträchtlichkeit. Wir suchten etwas, was uns heilig sein durfte, und die verklärte Figur des Opfers - des Intellekts, so weit vorhanden, aber wenn es darauf ankam: auch des Gewissens - gehörte dazu. Verworfen zu sein, natürlich im höchsten Sinn, gehörte zur Selbststilisierung der Verkannten, die immer noch erröteten, wen ein Mädchen sie ansprach.

Ich habe seither nicht nur gegen theologische, sondern überhaupt gegen normative Begründungen der menschlichen Existenz, die es ohne ein großes Ganzes nicht tun können, eine Allergie entwickelt. Sie erstreckt sich auch auf die Annahme kultureller Universalien und unbedingter Normen. Ich glaube nicht, dass sich der Antagonismus Herrschsucht / Unterwürfigkeit, Arroganz / Liebedienerei aus ihnen wegoperieren lässt. Auch das „Reich“ ist eine solches Konstrukt des Unbedingten. „Das Imperium schlägt zurück“, lautet ein Science Fiction-Titel; ob „zurück“ oder nicht: es schlägt jedenfalls, und seine Akteure sind zu Schlägern mutierte Geschlagene. Ohne Feinde kann es das Imperium nicht tun, und was es bewirkt, ist schon per se das Gute. Dass es Opfer in Kauf nehme, - sei es als „collateral damage“ oder durch „friendly fire“ - ist wenig gesagt: es *braucht* Opfer, es verlangt sie, zur Heroisierung seiner selbst. Es sind die durch nichts gerechtfertigen Opfer, die das System rechtfertigen, ja heiligen müssen: das ist der selbstreferentielle Zirkel des Wahnsinns, und er tritt auch noch in der Maske des Sinnstifters auf.

Wenn ich im Kern des sogenannten Reichsgedankens etwas Skandalöses, der gesellschaftlichen Zivilisation tief Feindliches entdecke, will ich ihm damit seine historische Mächtigkeit, seine bindende Kraft für die Seelen nicht absprechen - im Gegenteil. Dass ein allmächtiger Gott, von dem die Reiche dieser Welt ihre Legitimität und Machtbefugnis ableiten, eine skandalöse Größe ist, haben sensible Theologen wie Kierkegaard noch lebhafter empfunden als bekennende Atheisten.

Dabei ist der Gott, der sich in der mittelalterlichen Kirche vermittelte, noch ein vergleichsweise gnädiger, der den Gläubigen erlaubte, mit der Natur lässliche Pakte zu machen, wo sie nicht geradezu des Teufels war - und in Karls des Großen Zeiten war, nach allem, was wir wissen, die Sexualität noch nicht der Hauptschauplatz der christlichen Sünde. Das „katholische Verhältnis zur Wahrheit" (Max Frisch) bewahrt in der Umgebung des Kaisers noch seine Fehlerfreundlichkeit, wie die Liebesgeschichte der Kaisertochter Emma mit dem Hofschreiber Eginhard belegt: nach gemeinsam verbrachter Nacht war ein Schnee gefallen, und damit der Liebhaber bei seinem Abgang keine Spur hinterlasse, trug ihn Emma auf dem Rücken über den Hof - und wurde dabei vom Kaiser, den das Podagra wach hielt, und später von Wilhelm Busch nicht ohne Rührung beobachtet. Die Sanktion bestand nur in der auch unter Bauern üblichen: einer beschleunigten Heirat. Karls Gott verstand durch die Finger zu sehen.

Dagegen lautete in dem Milieu reformierten Muckertums, in dem ich aufgewachsen bin, die Devise „Gott überall". Er verfolgte einen auch in die versteckten Winkel von Dachboden und Keller und sah jede meiner Lektüren - um von allem andern zu schweigen. Seine Stellvertretung war nicht ein weit entfernter Papst, um dessen weltweit wirksames Beichtgeschäft wir die Katholischen ebenso beneideten, wie wir sie deswegen verachteten. Es war vielmehr der überall wachsame Nachbar, der neidische Onkel, kurzum: die kleinbürgerliche Schwundstufe jener Gemeinschaft der Heiligen, zu welcher der Kalvinismus seine theokratische Stadtrepublik verurteilt hatte. Hier war jeder seines Bruders und noch mehr seiner Schwester Hüter, jeder jedem für alles Rechenschaft schuldig, und was der Arm der frommen Gewalt nicht erreichte, besorgte das eigene schlechte Gewissen noch nachhaltiger. Verglichen mit der Generalzuständigkeit des frommen Pharisäers für innere und äußere Sauberkeit nahm sich die imperiale Ordnung vergleichsweise glänzend aus; sie hatte den Vorzug der Weitläufigkeit und enthielt das Versprechen des Abenteuers, der Vogelfreiheit, der einsamen Pilgerfahrt und der verschworenen Brüderschaft.

Die Überreichung dieses Karls-Bildes gibt mir die - inzwischen bereits zu persönlichen Bekenntnissen missbrauchte - Gelegenheit, über die institutionelle Anbindung der Macht an die Heiligkeit, der Gesellschaft an die Religion nachzudenken. Denn diese Verbindung steckt im Begriff des Imperiums, und damit der heilsgeschichtliche Auftrag weltlicher Macht. Mein Verdacht, dass diese Verbindung nur missbräuchlich sein kann und Missbrauch erzeugen kann - als heiliggesprochenen Missbrauch: besonders abscheulichen; dass die Verbindung ein Monstrum sei und das schlimmste seiner Art, nämlich das im guten Glauben begangene Verbrechen, hervorbringen kann: dieser Verdacht ist eine bittere Frucht der neueren und auch der aktuellsten Geschichte der Imperien, des Imperialismus, und nicht minder natürlich: der fundamentalistischen Reaktion auf diesen. Und es versteht sich, dass ein Zeitgenosse Karls des Großen diesen Verdacht nicht nur nicht geteilt, sondern nicht einmal verstanden hätte. „Gottes ist der Orient, Gottes ist der Okzident“: gemeint war damals nicht der Goethesche, sondern der eigene, also der wahre Gott. Aber der Zusatz: „West- und östliches Gelände / Ruht im Frieden seiner Hände“ wäre - trotz aller Kreuzzüge und Ketzerverfolgungen späteren Datums - nicht ganz eitel und müßig gewesen. Denn „Friede“ war das Ziel, und Friedensschluss auch immer wieder das Mittel des karolingischen Imperiums: „Römisch“ daran war die Idee der Pax Romana, die sich mit Toleranz gegen die Unterworfenen nicht nur verträgt, sondern diese vernünftigerweise gebietet. An die Bedingung, dass sie immerhin zuerst zu unterwerfen waren, knüpfte sich die Verheißung, dass sie die Früchte ihrer Arbeit genießen konnte, auch wenn sie dem Regiment für seine Schutzleistung davon abgeben mussten. Unterworfen waren sie ja, anders als die Barbaren, nicht der Willkür eines beliebigen Machthabers, sondern einem im Prinzip für alle gültigen Gesetz, einer höheren Ordnung, die man im Bild des Kaisers verehrte, dessen göttliche Eigenschaft überpersönlich war. Das Heimweh nach dieser vorneuzeitlichen Welteinheit kann auch ein Kind der Moderne und Postmoderne beschleichen. Wie zwingend das Bedürfnis nach der Einen Welt, nach einer einzigen schlüssigen und bindenden Deutung ihrer Widersprüche auch für diejenigen, welche diesen Kosmos aufbrachen, geblieben ist, belegt die Inschrift am Geburtshaus des Kolumbus in Genua. „Unus erat mundus. Duo sunt, ait ille. Fuere.“ (Es gab eine Welt. Es sind zwei, sagte jener. Sie sind zwei gewesen.). Noch Einsteins lebenslanger Versuch, die einzige Weltformel zu finden, in der sich seine allgemeine Relativitätstheorie und die damit inkompatible Unschärferelation vereinbaren ließen, ist ein solcher Beweis für unser katholisches Verhältnis zur Wahrheit, die sich auch im Begriff des „Naturgesetzes“ verbirgt. Dass sich Wasserstoffatome beim Urknall anders verhalten haben könnten, als heute im Laboratorium, ist für viele Wissenschafter inzwischen eine denkbare, aber immer noch unerträgliche Vorstellung. Sie stellt unser Bedürfnis nach der Einen Welt, dem Imperium Gottes - wie immer es sich verkleiden mag - in Frage. Diese Ordnungsvorstellung bleibt der Gral, den wir auch nach dem Absterben der historischen Universen bei der Entdeckung jedes neuen zu suchen fortfahren. Schon im Begriff „Universum“ steckt diese Zwangsvorstellung der höheren Einheit der Dinge. Und die unstillbare Sehnsucht nach einem Imperium: einer von einer allerhöchsten Instanz verbürgten Gesetzmäßigkeit der Welt - ist anthropologische Sinnsuche par excellence: als hätte die Welt, wenn sie nicht Einen Sinn hat, keinen mehr. Wenn es aber wahr ist, dass sich der Mensch - nach Feuerbach - in seinen Göttern malt: dann wehe der Verschiedenheit der Menschen, wenn sie im Namen Gottes über einen Leisten geschlagen - und notfalls (und diese Not ist nie weit entfernt) Einem Prinzip geopfert werden.

„Eines tut not“, sagt die Bibel, sagen alle Heiligen Schriften, „Das Reich muss uns doch bleiben“, singt Luthers Kirchenlied. Es ist vielleicht unser großes anthropologisches Pech, um nicht von einem Webfehler zu reden, dass sich im Vergleich zu solchen Herz- und Kernsätzen jede Bereitschaft zum Pluralismus als Armutszeugnis, die Anerkennung von Mehrdeutigkeit als geistesschwach und seelendürftig ausnimmt. Dennoch wäre die Bereitschaft, die mutige Fähigkeit, mit vielen Göttern nicht nur gelassen zu leben, sondern sie im Andern - der anderen Meinung, dem anderen Bekenntnis, der anderen Kultur - ganz unmetaphorisch heilig zu halten, der entscheidende, vielleicht rettende Sprung der menschlichen Zivilisation, das Ende des Imperialismus und seiner Utopien in uns und außer uns; der Anfang eines wahrhaft ökologischen - weil die Artenvielfalt auch des Menschen kultivierenden - Verhältnisses zu unserer Lebenswelt.

Der erste politische Schritt in dieser Richtung war Montesquieus Prinzip der Gewaltenteilung: ganz unabhängig von ihrem Selbstverständnis sei Gewalt nur dann nicht böse, sondern erträglich und verträglich, wenn sie geteilt werde. Ob dabei der Name Gottes, also einer letzten, unteilbaren Instanz hinter dem säkularisierten Gemeinwesen, stehen bleiben darf oder fallen muss, ist eine Frage, an der sich die Gemüter in jeder Verfassungsdiskussion - auch wieder: der europäischen - erhitzen können. Das Dilemma lauert bereits im Ritual des Amtschwurs, der auch in Staaten, welche die Glaubensfreiheit garantieren, immer noch gefordert ist. Ein solcher Schwur hat nur Sinn, wenn die Größe, bei der geschworen ist, noch so etwas wie allgemeine Geltung beanspruchen und gegebenenfalls auch für Sanktionen angerufen werden kann. Das überlässt die bürgerliche Gesellschaft und die parlamentarische Demokratie mit guten Gründen lieber dem Gesetz und der auf Gesetze gegründeten Rechtssprechung. Also hat die Schwurformel, welche die höchste Rechtswirksamkeit beansprucht, im Effekt gar keine - und bleibt doch ein Reflex der Tatsache, dass wir von unseren Vertretern und Amtsträgern erwarten, dass sie etwas Höheres kennen und bekennen als die Interessen, für deren Wahrnehmung wir sie gewählt haben. Hier springt der Schwur - und damit die Gottheit, bei der man schwört - als Lückenbüßer für eine nicht mehr vorhandene, auch nicht mehr wünschbare Allmacht ein. Sie hat den Sinn, die Macht, von der die Politik handelt und mit der sie ausgehandelt wird, zu relativieren, indem sie die Schwörenden auf bestimmte Universalien verpflichtet. Sie zeigen sich im Katalog der bürgerlichen Freiheiten, aber im Kern sind sie alle nur als Freiheiten *vom* Staat, also von einer vorgeordneten Autorität zu fassen. Ihr Katalog ist länger als derjenige der klassischen Kardinaltugenden, aber auch wenn Besonnenheit, Beharrlichkeit, Tapferkeit und Weisheit nicht mehr einklagbar sind, gemeint sind sie immer noch. Und gemeint ist ein mehr als nur bürgerliches Menschenbild, es ist die Verantwortung „vor Gott und den Menschen". Diese Formeln, so hohl sie klingen, wollen nicht rein rhetorisch werden. Aus welcher Quelle sie sich nähren, zeigt, wie gesagt, jeder Streit um die Nennung Gottes in der Präambel einer Verfassung, sei es der europäischen, sei es den eidgenössischen, die sich schon im Namen als Schwurgemeinschaft zu erkennen gibt. Als Mitglied einer zur Totalrevision der Bundesverfassung berufenen Kommission der Siebziger Jahre erinnere ich mich mit einer Art theologischer Schadenfreude an die Unmöglichkeit, „Gott den

Allmächtigen" in der Präambel durch eine unauffälligere Größe zu ersetzen. Warum nicht einfach: „im Namen Gottes?" Ganz einfach - weil in der französischen Übersetzung - *au nom de Dieu* - aus dem heiligsten Namen ein ganz gewöhnlicher Fluch würde. Bekennende Protestanten, für die Gott „der ganz andere" bleiben sollte, bildeten eine unheilige Koalition mit bekennenden Atheisten, für die ein religiöses Bekenntnis in einer Verfassung nichts zu suchen hatte. So ernst wollten die Konventionalisten und natürlich die gegen fromme Rhetorik immunen Katholiken den Fall nicht nehmen. Um so ernster hätten sie den Verlust des höchsten Namens empfunden, mit dem man nur schlafende Hunde geweckt und wahrscheinlich den ganzen Verfassungsentwurf zu Fall gebracht hätte. So blieb der Allmächtige am Ende im Text, musste sich nur, in einem Zusatz, eine gewisse weltliche Qualifikation gefallen lassen, für die ich verantwortlich zeichnete und auf die ich auch noch stolz war. Denn sie war eine Art freie Übersetzung der Bergpredigt ins Allgemeinverbindliche. So war - mit Verlaub - der heilige Bocksfuß nicht zum Verschwinden zu bringen, man mochte ihn drapieren, wie man wollte. Und das hat wohl ebenso seine historische Richtigkeit, wie seine psychologische.

Ein Beispiel, was passieren kann, wenn man den - Gott sei Dank - dem frommen Monopol abgerungenen Staat immer noch transzendental unterfüttern will. Und doch besteht auch in der Republik der Wunsch nach dem auratischen Goldgrund hinter der Staatsgewalt weiter, und konstitutionelle Monarchien haben dafür einen mehr oder weniger unschädlichen Platz vorgesehen. Aber die Legitimation, die sich de Gaulle bei den Franzosen zu verschaffen wusste, beruhte - nicht weniger als diejenige Mitterands, der nur halb spöttisch als „Dieu" gefeiert wurde - auf einem bestimmten Geruch trotziger Unfehlbarkeit, den man auch in der Republik der Republiken goutiert. Die Sprache Voltaires *„Ecrasez l' Infâme"* - welche die französische Revolution praktizierte, zeigte sich nach wenigen Jahren schon anfällig für die Rückkehr des Imperiums - diesmal des napoleonischen, der sich nicht nur als Caesar und Augustus in einer Person, sondern auch als Carolus redivivus empfand und dessen Krönung durch den Papst mit karolingischen Requisiten nach-inszenierte. Natürlich ist dieser selbstgemachte Kaiser viel eher als das Original der Vater des neuen Europa. Zuerst allerdings der widerwillige Geburtshelfer eines neuen reaktiven Nationalismus, der sich zwei Jahrhunderte lang austoben musste, bevor er sich gewissermaßen reif geprügelt hatte für die europäische Union, in der wir heute leben.

Die Schweiz, mein Land, noch nicht; und es ist nicht ohne Pikanterie, den Mythos ihrer insularen Identität bis an seine Quelle zurückzuverfolgen. Die Schweiz, nein: die Eidgenossenschaft, die zu Karls Zeiten noch fast ein halbes Jahrtausend entfernt war, gehörte zu den reichstreuen Gliedern des Imperiums. Mit der Kaisertreue als Passwächter hatte sie sich jene Privilegien erkauft, die im Spätmittelalter „Freiheiten" hießen und mit denen der modernen Verfassungen natürlich nur den

Namen gemein haben. Die Rütlischwur-Szene in Schillers „Teil“, die - viel mehr als jede Volkssage oder humanistische Chronik - die Grundlage des schweizerischen Selbstverständnisses hergegeben hat, betont denn auch den konservativen Charakter jener mit dem Rütlischwur verbundenen Volkserhebung. Man verlangte keineswegs neue Rechte, sondern die wirksame Bestätigung der alten. Es war der ungeschickte Fall eingetreten, dass ihr Garant, der Kaiser, als habsburgischer Territorialpolitiker zugleich zu ihrer Hauptbedrohung geworden war. In meiner Schulzeit ging die patriotische Orthodoxie so weit, dass ich „Vogt“ allen Ernstes als Synonym für „Tyrann“ betrachtete und jeden verprügelt hätte, von „eidgenössischen Vögten“ geredet oder meine Vaterstadt Zürich als Verbündete Habsburgs angeschwärzt hätte - was nur der historischen Wahrheit entspricht. Ohnehin hat die Mehrzahl der Vorfahren der heutigen Schweizer in den berühmten Schlachten, wenn überhaupt, auf der falschen Seite gekämpft. Das gilt besonders für den französischsprachigen - sprich: burgundischen - Landesteil.

Wie auch immer: zu den wohlgehüteten Geheimnissen der Schweiz-Legende gehört die Anhänglichkeit der Kernschweiz an die „Reichsidee“, und das hieß: Distanz zu einer ohnehin zunehmend geschwächten Oberherrlichkeit, von der man wenigstens die Fähigkeit erwartete, einem kleinere Herren vom Leibe zu halten. Je deutlicher diese - die künftige Trägerschaft moderner Nationen - die geschichtliche Zukunft auf ihrer Seite hatten, desto weniger nützte den Eidgenossen das Imperium als Garant ihrer Existenz. Und so wandten sie ihm am Ende des 30jährigen Krieges den Rücken, wobei sie, konservativ wie immer, die spätmittelalterliche Struktur kleiner und kleinster Gemeinwesen konservierten. Der Erfolg dieser anachronistischen Konstruktion beruhte auf dem Grundsatz bewaffneter Neutralität, und das hieß immer mehr: dem Verzicht auf eine anders als wirtschaftlich begründete Außenpolitik. Dass in dieser Kleinräumigkeit möglich wurde, was in größeren Staaten nicht erreichbar war - der politische Erfolg der bürgerlichen Revolution von 1848 - war eine besondere Sternstunde, die sich die Hegelsche List der Vernunft genehmigte. Freilich mit der Folge, dass die Eidgenossen in den letzten bald zweihundert Jahren ihre politische Leistung für definitiv ausreichend hielten und zu ihrem Schutz vom übrigen Europa abzukoppeln versuchten. Mit beträchtlichem jedenfalls ökonomischem Erfolg, wie man weiß, jedenfalls bis gestern.

Dabei war es Schillers Interpretation ihrer Staatsmaxime, die sie sich am liebsten und längsten zu eigen machten, schon weil sie flexibel genug war, sowohl eine jakobinische - der Tyrannenmord! - wie eine legitimistische - der beleidigte Familienvater! - zu akkomodieren. Sie diente ebenso den liberalen Gründern des Bundesstaates zur Verklärung der Handels- und Gewerbefreiheit wie der unterlegenen konservativ-föderalistischen Partei zur wenigstens mythisch-moralischen Integration in den modernen Industriestaat. Aber auch die neue Arbeiterklasse beanspruchte Tell als Patron ihrer Schützen- und gemeinnützigen Grütli-Vereine.

„Wir wollen sein ein einzig Volk von Brüdern" ... die berühmten Verse werden bei Schiller von einem Geistlichen gesprochen: Ohne Gott - den der Dichter sonst einen guten Mann sein ließ - durfte es auch für ihn bei diesem ersten klandestinen Staatsakt seines Hirtenvolkes naturgemäß nicht abgehen. Und so ist Gott auch für die Bundesfeier oder die Nationalhymne, mit denen sich die Schweiz spät, erst in den Neunzigerjahren des 19. Jahrhundert zur Nation herausputzte, der statutarische Ehrenvorsitzende der Eidgenossen geblieben. „Schmerz uns ein Spott" habe ich als Kind die damalige, noch auf die Melodie von „God Save the King" gesetzte Landeshymne mitgesungen; „frei lebt, wer sterben kann, frei wer die Heldenbahn, Geht als ein Tell hinan / Nie hinterwärts." Dagegen muss man den seither eingeführten „Schweizerpsalm" als Fortschritt würdigen, denn Gott tritt darin nicht mehr als Eisenfresser, sondern in edler spätromantischer Verblasenheit auf: „Trittst im Morgenrot daher, seh ich dich im Strahlenmeer, dich du Hocherhabener, Herrlicher." Dieser pantheistische Gottesdienst ist sogar meinem frommen Vater sauer aufgestoßen, wenn er aus dem Morgenrot, in dem hier Einer dahertritt, maliziös einen „Morgenrock" machte. „Eure fromme Seele ahnt, eure fromme Seele ahnt / Gott ihm hehren Vaterland, Gott im hehren Vaterland."

Inzwischen ahnt auch die frömmste Seele nicht mehr, sie kann wissen, wohin die Berufung auf Gottes Wille Menschen und Völker führen kann: „Und wir gehen in diesen Krieg wie in einen Gottesdienst." Bush hat es beim Irakkrieg nicht so gesagt, aber er hat es so gemeint. Die Achse des Bösen setzt das Lager der Gerechten voraus, und dieses hat noch niemals in der Geschichte auf einen andern Namen gehört als „Wir". Wer „sie" sind, bestimmen „wir"- und nur Gott selbst könnte die Gerechten vor Selbstgerechtigkeit bewahren. Das neue Imperium betreibt seine Gottespacht penetranter als jedes zuvor als Freiheitskrieg. Es würde nie Menschen töten - pardon: Opfer fordern - wenn es sie nicht glücklich machen wollte. *„The pursuit of happiness"* muss universal werden. Und dafür ist nur noch Eine Gewalt nötig; natürlich ist jeder so frei, Widerspruch anzumelden, nur muss er dann auch bereit sein, die Folgen zu tragen. „Das Imperium schlägt zurück." Gegenwärtig sind es die USA, die uns zeigen, wie man mit einer sakralen Lesart des Nationalen erfolgreich operieren kann. Die Nation: das ist hier besonders wenig der Staat. Es war ausgerechnet die amerikanische Pionier-Gesellschaft, welche Staat und Kirche am entschiedensten getrennt hat, die sich aus der in der Gemeinde, dem privatisierten Glauben erwachsenen Identität einen besonders streitbaren Gott herzurichten und ihn als Schmied einer besonders kampfbereiten, um nicht zu sagen: aggressionsfreudigen Gesellschaft zu beschäftigen weiß. Das Herz dieser Nation ist gewissermaßen die Zeltmission der Pioniere, in der das Heil mit allen Mitteln harten Verkaufs an den Mann und die Frau gebracht wird. Der Staat mag immer ein wenig des Teufels bleiben, das Heil liegt in der evangelischen - heute eher: evangelikalen - Wiedergeburt der *„Nation under God"*. Ein Beispiel, wie viel virulenter der privatisierte Glaube agieren kann als der inzwischen eher dünn gewordene landeskirchliche, eine Allianz, in der sich der Staat weitgehend auf den Einzug der Kirchensteuer und die Kirche als Sozialhilfe beschränkt.

Da war Karl, der Sachsentäufer, noch ein anderer Kerl. Das Kloster St. Johann im bündnerischen Münstertal, eine in der Schweiz marginale Ecke, war in Karls Welt noch eine in mehr als einem Sinn zentraler Ort - schon als Gotteshaus und Kloster, dann aber auch als Wachtposten einer wichtigen Querverbindung im Nord-Süd-Netz seiner imperialen Verwaltung, die damals notgedrungen eine ambulante, quasi nomadisierende war, mit der Aachener Pfalz als Basislager.

Betrachtet man den Umriss seines Imperiums, so entspricht er verblüffend demjenigen des freien Westeuropa aus der Zeit des Kalten Kriegs. Eine verführerische Koinzidenz, die bei der Identitätsfindung der damaligen Kleineuropäer denn auch eine Rolle gespielt hat. Für christlich genannte Parteien lag die Versuchung besonders nahe, ihren Standort ein wenig mittelalterlich zu legitimieren. Für einen Mann wie de Gaulle, dessen Selbstgefühl sich an Jahrhunderten orientierte, mag die fränkische Erinnerung die Versöhnung mit dem deutschen Erzfeind erleichtert haben. Sein Lothringen ist eine Provinz jenes lotharingischen Mittelreichs, das zum Hauptschlachtfeld der europäischen Geschichte werden sollte. Die werdenden Zentren europäischer Staatlichkeit, von Brüssel über Luxemburg bis Straßburg, sind alle auf dieser historischen Erdbebenzone angesiedelt, als müssten sie eine tiefe Wunde verklammern. „Der Schoß ist fruchtbar noch, aus dem das kroch", hat Brecht einem späteren und fatalen Reich nachgesagt. Aber es gibt auch glückliche Geburten, die fruchtbar sind: die Quasi-Wiedergeburt des karolingischen Imperiums im Geiste eines übernationalen Europa ist eine solches epochales Ereignis, aus dem Riss ist ein Grundriss geworden. Und wenn Habermas und Konsorten in ihrem Manifest diesem Kern-Europa eine treibende Kraft für das erweiterte Europa zutrauen und zumuten, so weil sie glauben, dass auf die Maxime, durch die jene primäre Versöhnung des Erdteils möglich wurde, Verlass bleiben muss: weil sie hoffen, dass das überwundene Trauma die stärkste Quelle europäischer Energie bleibt; und weil sie die Errungenschaft lieben, die damit anfing, dass der Stoff für zwei Weltkriege, beginnend mit Kohle und Stahl, in europäisches Gemeineigentum übergeführt wurde. Glaube, Liebe, Hoffnung: das ist nicht nur die Sprache der Heiligen Schriften, es ist auch die Sprache der herzhaften Vernunft. Weil sie im Bunde ist mit der Sprache der amerikanischen Unabhängigkeitserklärung und dem speziellen Recht, auf dem die Vereinigten Staaten gründen - dem *„right of dissent"*, der unerschrockenen Einsprache - kann sie nicht im Bunde sein mit der gegenwärtigen Administration Bush, die für Recht hält, was Amerika nützt, und die Macht hat, es durchzusetzen. Ist das Antiamerikanismus? Es ist die Hoffnung, dass der Nationalismus des 19. Jahrhunderts auch in der Neuen Welt ausgedient hat. In Europa waren, um ihn zu dämpfen, zwei Weltkriege nötig, und ein Weltuntergang, bevor sie von den Beteiligten selbst als Bürgerkriege erkannt wurden. Der europäische Zusammenschluss ist die Sicherung dagegen, dass sie sich nicht wiederholen. Für das germanische und das romanische Europa - und jetzt für Teile des slawischen - gibt es wieder ein „Oberes Leitendes“ (Goethe), wie seit Karls des Großen Zeiten nie mehr. Und nachdem die sozialistischen Heiden bekehrt sind, beginnt Europa wieder dem Bild zu gleichen, das ich in meinem Schulatlas aus Vorkriegszeiten betrachtet habe - mit dem Unterschied, dass auch die dümmsten Jungen nicht mehr davon träumen können, die Grenzen darin umzuzeichnen, weil sie - in den Bereichen, wo einst Kriegsgründe wuchsen - bereits aufgehoben sind.

In vielen, inzwischen grauen Köpfen der Schweiz sind die Grenzen des Zweiten Weltkriegs immer noch stehen geblieben. Die erfolgreiche Grenzbesetzung war für ein heterogenes Staatswesen eine der kostbaren identitätssichernden Erfahrungen gewesen, und man wollte ihre Lehre nicht hergeben - auch nicht gegen das zusammenwachsende Europa. Was soll aus der Schweiz werden, die nur noch von Freunden umzingelt ist?

Aber selbst mit dieser Sorge verrät sie sich als europäisches Land. Denn Europa muss seine eigene fünfzigjährige Ostgrenze ja nicht minder auswachsen. Es genügt nicht, dass die Mauern abgerissen, die Gräben äußerlich zugeschüttet sind. Und dieses Auswachsen ist ein Entwicklungsschritt der neuen, bisher unbekannten Art. Dabei kann das karolingische Schnittmuster immerhin zur Erinnerung helfen, dass es auch darin eine umfassende Ost-Westspaltung gab, und sogar mehr als eine - mit tiefreichenden Folgen bis heute. Denn Konstantinopel, jenes andere Rom, von dem sich das fränkische Reich zunehmend hochgemut getrennt hatte - diese byzantinische Erbschaft ist nicht mit dem immerhin fast bis zur Entdeckung Amerikas fortexistierenden oströmischen Reich untergegangen. Es hat, über sein Ende hinaus, den Osten des Erdteils weitergeprägt und für Trennungen gesorgt, die älter, auch ehrwürdiger sind als diejenigen des Kalten Kriegs. Hier ist die Verbindung weltlicher und geistlicher Hoheit nicht zerrissen, wodurch zwar nicht jene unerhörte Energie frei wurde, welche der europäische Westen aus dieser Spaltung zog und in einer neuen Welt potenzierte. Dafür blieb der Osten ein Hort der Orthodoxie, der - bis hin zur Lebensfrömmigkeit des alten Tolstoj - ein ganz eigenes verinnertes Befreiungspotential entwickelte, das auch der Sowjetstaat auf seine Weise nützen musste, da es nicht zu unterdrücken war. Diese andere Welt hat der Westen nicht einfach hinter sich gelassen. Sie steht ihm immer noch bevor, und man kann nicht ausschließen, dass sie, während er sie in seinem Sinn zu entwickeln glaubt, seiner eigenen Entwicklung eine unvorhergesehene Wendung gibt.

Aber auch die osmanische Herrschaft über das ehemalige Ostreich hat dessen Spuren nicht nur getilgt, sondern auch konserviert. Hinter der Frage des Beitritts der Türkei zur EU verbirgt sich die weitläufige, wie viel Säkularisation ein muslimisches Land verträgt, und wie viel davon seiner Gesellschaft förderlich ist. Und dahinter steht die noch viel größere Frage, wie wir im Westen mit Kulturen umgehen, denen so viel anderes heilig ist, dieses aber unbedingt - unter Hintansetzung oder auch

Verachtung vieler Werte, die wir für unabdingbar halten. Wenn man mit einem Teppichmesser einer *Hightech*-Zivilisation einen so vernichtenden Schlag versetzen kann, wie am 11. September 2001 geschehen, dann ist es nicht damit getan, dass das beleidigte Imperium zurückschlägt: dann fragt sich viel eher, wie eine Weltgesellschaft aussieht, in der die Armen nur um den Preis ihres - und anderer - Leben konkurrenzfähig sind, und in der man sich nur als Attentäter Aufmerksamkeit mit Folgen verschafft. Zur Zeit Karls des Großen war der Islam in fast jeder Hinsicht die überlegene Zivilisation. Sie hatte nicht nur Wissen und Denken der Antike konserviert, sie entwickelte beides selbständig weiter, war führend in Mathematik, Astronomie und Medizin, besaß hohe Begriffe von Ritterlichkeit, Toleranz und Liebe, baute bewundernswerte Städte, förderte die Künste, besaß eine anspruchsvolle Theologie und eine subtile Weltweisheit. Karl verdient den Beinamen des Großen auch darin, dass er sich mit dieser Welt ins Benehmen setzte und mit Harun al Raschid, dem in den Märchen von 1001 Nacht für seine Großmut gefeierten Kalifen von Bagdad, eine freundschaftliche Verbindung pflegte. Diesen Austausch zwölfhundert Jahre später mit kundigem Respekt vor seinen Hindernissen fortzusetzen, und zwar mit Partnern, deren Kultur in der Zwischenzeit gedemütigt und ausgeplündert, denen die Toleranz aus starken Gründen abgewöhnt wurde, gehört zu den Pflichten und Chancen des vereinigten Europas, dessen Zukunft nicht nur seine eigene ist. Die geplante Ehe Karls des Großen mit einer byzantinischen Königstochter hat sich zerschlagen; das darf der Verbindung mit Osteuropa, auch Russland, nicht passieren, die auf der Tagesordnung Europas steht.

Auch das vereinigte Europa wird ohne Opfer nicht zu haben sein, wie rational sich auch das Motiv dafür verkleide. Kein Imperium, wohl aber das, was Völker und Menschen als verschiedene zusammenführt und zusammenhält - dazu gehört die Anerkennung ihrer Verschiedenheit - , muss uns Europäern heilig bleiben. Was bei der Vereinigung Deutschland im nationalen Rahmen möglich, wenn auch hier nicht eben leicht war, wird jetzt auch grenzüberscheitend möglich werden müssen, wo es beiderseits noch schwerer ist. Auch das vereinigte Europa wird für seine Geberländer noch lange kein Geschäft sein, jedenfalls keins von der Sorte, zu welcher ein Betriebswissenschaftler zu raten pflegt. Der politische Ökologe aber weiß, was es bedeutet, wenn man Länder wie Irland und Portugal durch Ausgleichszahlungen davor bewahrt, sich am Dumping von Arbeitskraft beteiligen zu müssen, um im globalen Geschäft zu bleiben: Nun, da die gestern noch Marginalen prosperieren, ist es ihnen zumutbar, die neuen Ränder Europas gegen die Armut befestigen zu helfen und der Entsolidarisierung ihrer Gesellschaften vorzubeugen.

Doch selbst wenn dieses Geschäft nicht aufgehen sollte, es kommt der Punkt, an dem etwas anderes zählt: wo man Dinge tut, nicht weil sie profitabel, sondern weil sie richtig, weil sie geboten sind. Das nenne ich die zeitgemäße Form des Opfers; in solchen *Actes gratuits* - die niemals gratis zu sein pflegen - zieht sich das einst so genannte Heilige zurück und tritt in der Verkleidung des erweiterten Bürgersinns auf und, wenn es hoch kommt, der politischen Kultur. Dahinter steht - erkannt oder nicht - ein politisches Sittengesetz, das auch in seiner ökonomischen Schwundstufe die Herkunft aus dem Kategorischen Imperativ nicht verleugnet, der da sagte, dass, was Menschen füreinander tun, nur dann wohlgetan ist, wenn es zweckfrei geschieht. Frei nach Lessing: wenn das Rechte getan wird, nicht weil es der Vater geboten hat, oder der Sohn vorgemacht, sondern weil es das Rechte ist. Das wäre das Reich des Geistes, den „heilig" zu nennen dem Aufklärer nicht eingefallen wäre. Aber er war immer noch Pfarrerssohn genug, es heilig zu halten. Für die Einheit der Welt braucht man auf kein Imperium mehr zu warten, das viel eher das Zeug hat, sie zu spalten. Diese Einheit hat die Geschichte der Zivilisation - und noch mehr: des Mangels an Zivilisation - längst wohl oder übel hergestellt. Zu retten ist diese Eine Welt nur durch die Einigkeit der Verschiedenen, ihre Differenzen so zu behandeln, dass man sie nie nur mit dem andern hat, sondern auch mit sich selbst. Die Vorstellungskraft, welche in diesen Prozess gesteckt werden muss, ist zugleich die Energie, die dem andern zufließt. Aus Selbsteinsicht wird Fremdenfreundlichkeit, wird Solidarität.

Zum Autor:

Prof. Dr. Adolf Muschg
Geboren am 13. Mai 1934 in Zürich. Studium der Germanistik, Anglistik und Psychologie in Zürich und Cambridge/England, 1959 bei Emil Staiger in Zürich promoviert zum Dr. phil. 1962-69 Lehrtätigkeit an Universitäten in Tokyo (ICU), Göttingen, Ithaca N.Y. (Cornell University) und Genf. Nach 1970 Professor für deutsche Sprache und Literatur an der ETH Zürich. 1997 Gründungsleiter des Collegium Helveticum (interdisziplinäres Graduiertenkolleg) in der Semper-Sternwarte Zürich. 1999 emeritiert. Seit 2003 Präsident der Akademie der Künste Berlin.

Politische Tätigkeit in Eidgenössischen Kommissionen, 1975 Kandidat der Zürcher SP für den Ständerat, Tätigkeit an Rundfunk und Fernsehen (Baden-Badener Disput SWF 1999-93), Poetik-Dozenturen, Writer in Residence L.A. 1985. Mitgliedschaft in den Akademien von Berlin, Darmstadt, Mainz und Hamburg.

Literarische und essayistische Publikationen (Auswahl): 1965: „Im Sommer des Hasen" (Roman), 1972: „Liebesgeschichten" (Erzählungen), 1974: „Albissers Grund" (Roman), 1977: Gottfried Keller (Monographie), 1981: „Literatur als Therapie", Frankfurter Poetik-Vorlesungen, 1993: „Der Rote Ritter: Eine Geschichte von Parzival"(Roman), 2002: „Sutters Glück", Roman.

Preise (u.a.): Hermann Hesse-Preis 1974, Zürcher Literatur-Preis 1984, Ricarda Huch-Preis 1993, Georg Büchner-Preis 1994, Int. Vilenica-Literaturpreis 1995, Premio Antico Fattore 1995, Grimmelshausen-Preis 2001.

Nachwort - Stiftung Pro Kloster St. Johann in Müstair

Durch die Entdeckung des großen karolingischen Wandbildzyklus in der Klosterkirche St. Johann in Müstair wurde vor 50 Jahren der Konvent aus seiner Ruhe aufgeweckt. Diese herausragenden Zeugnisse der Klosterkultur führten nach und nach zu einem Bedarf an Koordination, Verwaltung und Finanzen, der die Möglichkeiten des Konvents weit überschritt. Aus diesem Grunde wurde 1969 die Stiftung Pro Kloster St. Johann in Müstair gegründet. Der Stiftungszweck sieht vor,

- die Mittel für eine fachgerechte Restaurierung und zweckmäßige Erneuerung zu beschaffen,
- die Restaurierung und Erneuerung zu betreuen sowie
- die dadurch notwendige Öffentlichkeitsarbeit zu begleiten.

Es entspricht zudem der Idee der Stiftungsgründer, „ die Restaurierung und Erneuerung im Einvernehmen mit dem Kloster so durchzuführen, dass das Klosterleben dadurch nicht dauernd beeinträchtigt und die Freiheit des Klosters in klosterinternen Belangen sowie der Charakter des Klosters gewahrt werden."

Durch die Einreihung des Klosters in die UNESCO-Liste des Weltkulturerbes im Jahre 1983 verstärkte sich der Abstimmungsbedarf zwischen kirchlicher und weltlicher Zielsetzung noch zusätzlich. Es gehört zu den Eigenarten von Müstair, dass das Kloster seit seiner Gründung im 8. Jahrhundert zuerst Benediktiner und seit dem 12. Jahrhundert Benediktinerinnen beherbergt. Das Kloster ist also ein lebendiges Kulturgut. Die Rücksichtnahme auf die Bedürfnisse des klösterlichen Lebens und die Verantwortung gegenüber einem Objekt des UNESCO-Kulturerbes können deshalb zu Spannungen führen. Die Restaurierungsarbeiten hatten in den vergangenen Jahren vor allem die Verbesserung der Lebensverhältnisse der Klosterfrauen zum Inhalt, weshalb sich ein Vertrauensverhältnis und ein gegenseitiges Verständnis aufgebaut hat. Dies darf aber nicht darüber hinweg täuschen, dass eine Beeinträchtigung des Klosterlebens durch die Forschungs-, Konservierungs- und Restaurierungsarbeiten besteht.

Im Zentrum des öffentlichen Interesses für das Kloster Müstair stehen die Wandbilder in der Kirche. Dies entspricht aber nicht der Priorität bei den Restaurierungsarbeiten. Die Fresken werden zwar dauernd beobachtet, Maßnahmen werden aber nur dann getroffen, wenn akute Gefahr für die Kunstwerke besteht. Es ist zudem so, dass eine Vielzahl weiterer Wandmalereien im gesamten Klosterkomplex erhalten geblieben sind.

Die Stiftung Pro Kloster St. Johann Müstair nahm 1995 eine Standortbestimmung vor. Sie stimmte einem neuen Finanzierungskonzept zu. Es wird nun nicht mehr in Etappen restauriert, sondern projektweise. In sich geschlossene Projekte werden möglichen Geldgebern empfohlen. Damit wird eine enge Bindung zwischen dem Geldgeber und einem genau umrissenen Projekt in der Klosteranlage erreicht. Das erste Restaurierungsprogramm umfasste 18 solche Projekte. Durch die akute statische Gefährdung des Plantaturms wurde eine umfassende Neubeurteilung notwendig, die zu Schwerpunktänderungen und zum gegenwärtig laufenden 3-Jahresprogramm 2002-2005 für die Restaurierung führte. Realistischerweise können pro Jahr rund zwei Millionen Franken investiert werden. Diese Summe entspricht den Möglichkeiten der Geldbeschaffung und in etwa auch den Kapazitäten des lokalen Handwerks.

Getragen wird die Finanzierung heute in erster Linie von kulturell ausgerichteten Stiftungen, von Subventionen der Schweizerischen Eidgenossenschaft und des Kantons Graubünden sowie von 30 000 Einzelspendern aus der ganzen Schweiz. Die bisher erhaltenen Zusagen für finanzielle Beiträge stimmen die Stiftungsorgane zuversichtlich, das laufende Restaurierungsprogramm im vorgegebenen Zeitrahmen zu vollenden.

Für die Umsetzung dieser hohen Zielsetzung hat sich die Stiftung wie folgt organisiert: Als Programmleitung fungiert eine Geschäftsleitung, die dem Stiftungsrat und dessen Ausschuss periodisch rapportiert. Die eigentliche Bauaufsicht erfolgt durch einen Chef der "Bauhütte" unterstützt durch eine Baukommission in Müstair. Die spezielle wissenschaftliche und fachliche Beratung liegt – wie es in der Schweiz für kulturell bedeutende Objekte üblich ist – bei den Amtsstellen des Kantons Graubünden, nämlich der Denkmalpflege und dem archäologischen Dienst. Die Stiftung ist dauernd bemüht, trotz der Vielfalt von Entscheidungsträgern, die Abläufe zu straffen und möglichst einfach zu gestalten. Im gegenwärtigen Restaurierungsprogramm sind für die Wandmalerei zwei Hauptprojekte enthalten: zum einen die laufenden Klimamessungen in der Kirche, welche zur Vertiefung der entsprechenden Kenntnisse und zur Feststellung von Veränderungen über größere Zeiträume führen sollen; zum andern die Arbeitsgruppe Konservierung, die sich zum Ziel gesetzt hat, das international vorhandene Fachwissen für die Erhaltung der Wandbilder zu erschließen.

Dies war auch der Ursprung der Idee zur Organisation des Kolloquiums vom September 1998, verbunden mit der klaren Erwartung der Stiftung, für die dauerhafte Sicherung der Wandbilder in der Klosterkirche Vorschläge von der Fachwelt zu erhalten. Die Stiftung hat gegenüber allen Geldgebern sowie der

Öffentlichkeit eine treuhänderische Rolle zu übernehmen; sie ist diesen Zielgruppen gegenüber verantwortlich.

Walter Anderau
Vizepräsident Stiftung Pro Kloster St. Johann in Müstair

Kontaktadresse:
www.muestair.ch
mustair.foundation@bluewin.ch

Bildnachweis

Aachen, Stadtverwaltung Aachen, Stadtarchiv 16
Aachen, Copyright: Domkapitel Aachen 17, 20
Berlin, DHM Bildarchiv 24, 26
Chur, Denkmalpflege Graubünden 8
Frankfurt a.M., Dommuseum Frankfurt am Main 18
Frankfurt a.M., Stadt Frankfurt am Main, Der Magistrat, Presse- und Informationsamt 25
Frauenfeld, Doris Warger 14
Halberstadt, Evangelisches Kirchspiel Halberstadt, Domschatz-Verwaltung 19
Karlstein, Správa státního hradu Karlštejn 22
Müstair, Jürg Goll 1, 2, 4, 11, 12, 13, 15
Müstair, Büro Prof. Sennhauser, Erich Tscholl 10
Müstair, Stefanie Osimitz, Schweiz. Nationalfonds 5
Nürnberg, Germanisches Nationalmuseum 23
Wien, Albertina 21
Zürich, Stiftung Pro Kloster St. Johann (Fibbli-Aeppli) 6, 7
Zurzach, Büro Prof. Sennhauser (1999) 9, (Werner Peter) 3

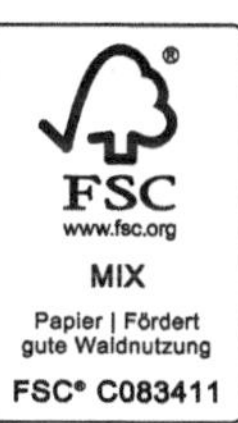

Zeitfracht Medien GmbH
Ferdinand-Jühlke-Straße 7
99095 Erfurt, Deutschland
produktsicherheit@kolibri360.de

Druck:
CPI Druckdienstleistungen GmbH
im Auftrag der
Zeitfracht Medien GmbH
Ein Unternehmen der Zeitfracht - Gruppe
Ferdinand-Jühlke-Str. 7
99095 Erfurt